CECILIA LATTARI
Fabiana Belmonte

KRÄUTERKRAFT & HEXENMACHT

Bibliografische Information der Deutschen Nationalbibliothek
Die Deutsche Nationalbibliothek verzeichnet diese Publikation in der Deutschen Nationalbibliografie. Detaillierte bibliografische Daten sind im Internet über https://dnb.de abrufbar.

Für Fragen und Anregungen
info@m-vg.de

Wichtiger Hinweis
Dieses Buch stellt keinen Ersatz für eine individuelle medizinische Beratung und Ernährungsberatung und sollte auch nicht als solcher benutzt werden. Wenn Sie medizinischen Rat einholen wollen, konsultieren Sie bitte einen qualifizierten Arzt. Der Verlag und die Autorin haften für keine nachteiligen Auswirkungen, die in einem direkten oder indirekten Zusammenhang mit den Informationen stehen, die in diesem Buch enthalten sind.

Ausschließlich zum Zweck der besseren Lesbarkeit wurde auf eine genderspezifische Schreibweise sowie eine Mehrfachbezeichnung verzichtet. Alle personenbezogenen Bezeichnungen sind somit geschlechtsneutral zu verstehen.

2. Auflage 2024

Türkenstraße 89
80799 München
Tel.: 089 651285-0

Die italienische Originalausgabe erschien 2024 bei Vivida®, a registered trademark property of White Star s.r.l.,unter dem Titel *Erbe e streghe. Usi, pratiche e preparazioni magiche delle piante selvatiche e spontanee.*

Übersetzung: Diane von Weltzien
Redaktion: Karin Weber u. Tamara Fromme texthochzwei GbR
Umschlaggestaltung: Sonja Vallant
Umschlagabbildung: Fabiana Belmonte
Satz: Verena Koch
Druck: Florjancic Tisk d.o.o., Slowenien
Printed in the EU

ISBN Print 978-3-7474-0514-7
ISBN E-Book (PDF) 978-3-96121-356-6
ISBN E-Book (EPUB, Mobi) 978-3-96121-405-1

CECILIA LATTARI
Fabiana Belmonte

KRÄUTERKRAFT & HEXENMACHT

Auf der Spur von Mythen und grüner Magie – mit Rezepten, Ritualen und Heilwissen aus der Natur

mvgverlag

Inhalt

EINLEITUNG

Aus dem Fenster meiner Wohnung in Bologna, wo ich lebte, während ich an der Schauspielschule studierte, konnte ich auf eine kleine Fläche Brachland mit verschiedenfarbigen Pflanzen blicken. Ende Februar erschienen duftende, zartviolette Veilchen, die im Frühling üppig wucherndem Löwenzahn Platz machten. Im Sommer, wenn ich packte, um in meinen geliebten toskanischen Apennin zurückzukehren, boten sich Mohn- und Kamillenblüten meinem Auge dar, die wer weiß wie von wer weiß woher dorthin getragen worden waren.

Ich habe Kräuter schon immer gemocht, angefangen bei ihren Namen, die eine geheimnisvolle Magie zum Ausdruck bringen. Mir gefällt, dass sie rebellisch sind, mutig, furchtlos. Manche (Un-)Kräuter setzen sich sogar mitten auf Stadtstraßen durch und wuchern aus Spalten im Asphalt.

Diese Pflanzen bekommen in botanischen und kräuterkundigen Büchern eine abweichende Bedeutung. In meinen Studienjahren ent-

deckte ich, dass sogar die gefürchtete Fingerhirse, wie viele andere Unkräuter auch, ein starkes, zähes und nützliches Gewächs ist.

Ihr eigenwilliger, ungezähmter Geist bringt Unkräuter oft mit Hexen in Verbindung. Sie haben eine tiefe, vertraute Beziehung zueinander, leben eine Symbiose, die weit zurückreicht. Unkraut wird wie Hexen oft als lästig empfunden, und doch gelingt es ihm, unter schwierigen Bedingungen zu gedeihen, und trotzt Konventionen und der etablierten Ordnung.

Oft empfindet man Unkräuter als aufdringlich. Sie wachsen selbstbewusst an problematischen Orten und sind nicht selten Pionierpflanzen. Sie bieten viele Vorteile, verschaffen dem Körper wie der Seele Heilung, genauso, wie es Hexen und Heiler tun.

Das Aufeinandertreffen von Hexen und Unkräutern ist eine Heraufbeschwörung von Magie, Weisheit und Schönheit, die außerhalb von Regeln existiert. Sie lädt ein zur Wiederentdeckung der Natur und den eigenen Kräften und dazu, Schönheit und Mysterium in allem zu suchen.

DER STADTRAND

Es gibt unbestimmte Grenzräume wie etwa die Ränder einer Stadt, die Magie beherbergen. An diesen Orten kann allem ein Zauber innewohnen und sich in den Schlüssel verwandeln, der die Tür zu einer anderen Welt öffnet. Es kann eine nahezu unleserliche Schrift auf einer Mauer sein oder ein verlorenes Magazin, gelesen vom Wind, der in seinen Seiten blättert. Hier in den Vorstädten, insbesondere an einem sonnigen Tag, verfließt die Zeit anders, und die Begegnungen mit fremden Menschen sind entspannter und spontaner. Aus einem „Hallo! Ein schöner Abend heute, stimmt's?" kann sich alles entwickeln. In deiner Tasche trägst du vielleicht einen kleinen Schatz, den du beim Spaziergang vom Straßenrand aufgehoben hast, eine glitzernde Glasscherbe oder eine hübsch geformte Samenschote. Nur wenn du auf den Boden schaust, wirst du die tatsächlichen Bewohner des Ortes sehen: die Unkräuter und wilden Pflanzen, die ihre Tupfen in die Stadtlandschaft setzen. Furchtlos und heldenhaft wachsen sie in Mauerspalten, zum Beispiel die übermütigen Kapernsträucher mit ihren zuckerwattefarbenen Blüten, die sanft im Abendwind schwanken. Die Außenbezirke von Städten sind voller Magie, allein deshalb, weil man dort keine erwartet. An der Straßenecke ist ein kleiner Laden. Dort steht Trödel zum Verkauf, Weitergereichtes von einer Hand in die nächste, von einem Herzen zum anderen. Die Gegenstände sind voller Geschichten wie die Straßen, die sich aus dem Zentrum an den Rand winden, von wo aus man eine bessere Sicht hat. An solchen Orten wohnt die Stadthexe. Sie kennt ihre Macht. Diejenigen, die sich fragen, wie denn Stadthexen dort wohnen können, wo es keine Wälder gibt und keine Wildpflanzen wachsen, werden überrascht sein. Wir brauchen nur unsere Augen und Herzen zu öffnen: Magie ist unverwüstlich und überall; Verzauberung kann sich vom Gehweg zum Fenster schnüren, vom Laternenpfahl zur Türschwelle und zu all den Plätzen, an denen wir uns heimisch fühlen.

DIE STADTHEXE

In den Randbezirken aller Städte leben Hexen, deine Stadt ist keine Ausnahme. Eine Hexe braucht keinen Wald, um Kräuter und Wurzeln zu sammeln: Sie kennt die Natur und weiß, wie man sie selbst an den asphaltierten Straßen hin zur Stadtmitte findet.

M*agie ist ein Geisteszustand* und hängt davon ab, wie du deine Umgebung wahrnimmst. Die Hexe sammelt Löwenzahn in dem kleinen Park hinter ihrem Haus, nimmt ihn mit und braut daraus Tees und Aufgüsse; sie beobachtet den Flug der Vögel, den Tanz der Wolken und weiß die Zeichen zu deuten, die sich im Alltag manifestieren.

Sie ist eine Spezialistin der Alltagsmagie. So wie ein vollständiger Baum in einem winzigen Samen enthalten ist, so erfasst sie das große Potenzial, das den kleinen Alltäglichkeiten innewohnt: im Kaffee des Cafés im Parterre deines Hauses, an den Obst- und Gemüseständen auf dem Markt, im Abendspaziergang, den zwei Menschen mit ihrem Hund machen. Die Stadthexe kennt kleine Verzauberungen, die ihr Leben mit den Elementen der Natur in Einklang bringen: Sie hängt ein Glöckchen ins Fenster, um die Elfen zu grüßen, und am Abend versäumt sie es nie, eine Kerze auf dem Tisch zu Ehren der Geister von Feuer und Herd zu entzünden.

Auf ihrem Balkon versorgt sie ihre Minze- und Rosmarinpflanzen, deren förderlicher Duft ihren Geist und ihr Herz aufheitert. Wenn sie das Haus verlässt, dann hat sie in ihrer Handtasche immer Tarotkarten und ein paar Steine wie Bergkristall, Aventurin oder Tigerauge zum Spielen dabei. Bei ihrem Weg auf dem Bürgersteig streift eine Magnolie aus dem benachbarten Garten ihr Haar und sie flüstert ganz leise schützende Zauberformeln: für die Natur, den beginnenden Tag, die Menschen in der Nachbarschaft.

Stadthexen sind Meisterinnen der *Kledonomantie,* die darin besteht, dass sie Gesprächsfetzen zwischen Fremden auf der Straße aufschnappen, die sich für sie als aufschlussreich erweisen und grundlegende Antworten enthalten. Das kann für uns aber auch durch ein Buch wahrwerden, das uns aus der Hand fällt und genau auf der richtigen Seite aufschlägt, die die Worte enthält, die wir hören mussten. Das ist zwanglose Magie: Sie geschieht, wenn unser Geist offen, aufmerksam und empfänglich ist. Manchmal müssen wir für die Nuancen der Welt um uns herum empfänglich sein, um sie zu erkennen.

Die Magie der Kledonomantie ist die Fähigkeit, in einem scheinbar ungeordneten Universum in zufällig aufgeschnappten Wortbotschaften Sinn und Richtungsweisung zu erkennen. Wir können Zeitpunkt und Inhalt eines Kledonismus nicht bestimmen, aber es ist uns möglich zu lernen, für die uns vom Leben gesendeten Signale präsent zu sein. Der Kledonismus fordert uns auf, die in der Beschaffenheit unserer Existenz verborgenen Wunder anzunehmen.

Eine der wertvollen Lehren der Stadthexe lautet: *Halte inne und lausche*. Und, wie der Eremit es mit seiner Laterne tut: *Suche nach der Magie im Gewebe deiner Tage.*

GEWÖHNLICHER LÖWENZAHN

– Taraxacum officinale –

Der Gewöhnliche Löwenzahn ist ein Symbol des Frühlings. Sobald seine sonnengelben Blüten in der Stadt aus den Ritzen im Asphalt sprießen, ist der Winter beendet. Durch die Pflanze fühlen wir uns an unsere Kindheit erinnert, als wir mit Pusteblumen unsere Wünsche in die Welt gepustet haben. Der Löwenzahn ist leicht zu erkennen: an seinem Blütenstand, aus dem der Wind die duftigen Flugschirmchen mit den Samen fortträgt, und an den scharf gezackten Blättern, die an der Pflanzenbasis eine Rosette bilden. Junge Blätter, vor dem Blühen geerntet, werden als zarter und geschmacksintensiver wahrgenommen. Die lange fleischige Pfahlwurzel ist ebenfalls essbar und findet vor allem bei der Entgiftung und in harntreibenden Kräutertees Verwendung. Es ist auch möglich, die Wurzeln zu rösten und zu vermahlen, um so eine Art *Löwenzahnkaffee* herzustellen, der ähnlich wie Kaffee schmeckt, aber kein Koffein enthält. Allgemein wirkt die Pflanze entfaltend. Sie ist mit dem Planeten Jupiter verbunden und ermöglicht durch ihre Beschaffenheit eine weite Verbreitung ihrer Samen. Sie veranlasst uns, zu träumen und unseren Blick vertrauensvoll in die Zukunft zu richten.

GEWÖHNLICHE KRATZDISTEL

— CIRSIUM VULGARE —

In den Stadtrandbezirken wächst die Gewöhnliche Kratzdistel häufig in der Nähe von Häusern. Sie hebt sich mit ihren steifen, dornigen Blättern vor dem Himmel ab. Bevor sich die Blüte auf ihrem Stängel in violetter Pracht öffnet, ist sie gleichfalls von Dornen umhüllt. Sie erinnert an eine Artischocke und tatsächlich sind auch ihre Blätter und ihr Blütenboden eine Delikatesse. Wenn man sie roh verzehrt, dann ähnelt ihr einzigartiges Aroma, das die Waage hält zwischen salzig und süß, dem von Artischocken. In der Pflanzenheilkunde findet die Distel wegen ihrer harntreibenden und reinigenden Eigenschaften Verwendung und wird zur Förderung der Nierengesundheit genutzt. In Tees und Aufgüssen helfen ihre Blätter und Wurzeln, Gifte auszuschwemmen, und fördern die Harnausscheidung. Zahlreiche Kulturen betrachten die Distel als Schutzsymbol. Ihre Dornen sollen böse Geister und unerwünschte Eindringlinge fernhalten. Häufig wird sie in magischen Zubereitungen verwendet, um negative Energien abzuwehren, energetische Barrieren zu errichten und mentale Klarheit zu fördern.

– MAGISCHE ANWENDUNGEN –

Wegen ihres **dornigen Wesens** *wird die Distel mit Schutz und der Abwehr von negativer Energie assoziiert. Sie sollte auch* **gegen Schlangen schützen.** *Wer eine getrocknete Distelblüte in der Tasche bei sich trägt, ist nicht nur vor Schlangen geschützt, sondern* **auch vor Übeltätern und hat Zugang zu Kraft und Elan.**

Kleines magisches Schutzritual

DU BRAUCHST:

- *1 Bündel getrockneter wilder Disteln oder ein paar frische Distelblätter*
- *1 Band oder ein Stück weißen oder violetten Wollfaden*
- *1 kleinen Stoffbeutel und ein Stück Schnur zum Zubinden*

Lege ein Bündel getrockneter wilder Disteln oder ein paar frische Distelblätter vor dich; konzentriere dich einen Moment auf dein Vorhaben, dich mit einer schützenden Barriere zu umgeben. Visualisiere einen weißen oder violetten Lichthof, der dich oder das, was du beschützen willst, einhüllt. Verwende das Band beziehungsweise den weißen oder violetten Wollfaden und umwickle damit das Distelbüschel. Sprich dabei deine Intention laut aus oder stumm in deinem Kopf; es kann sich um eine einfache Formel handeln wie etwa: „*Mit der Macht der wilden Distel ziehe ich eine Schutzmauer um mich (oder um einen bestimmten Ort). Ich bin in Sicherheit und geschützt vor aller Negativität.*" Nachdem du das Band oder den Faden um das Büschel geschlungen hast, legst du es in den Stoffbeutel. Verschließe ihn, indem du die Öffnung mit einer Schnur zusammenbindest. Du kannst ihn bei dir tragen oder ihn als Schutzamulett an deine Wohnungstür hängen. Du führst ihn auch in Situationen oder zu Orten bei dir, in denen oder an denen du zusätzlichen Schutz benötigst. Vergiss nicht, der Distelenergie zu danken, vielleicht, indem du ein kleines Geschenk dort hinterlässt, wo du sie gepflückt hast.

KLEINBLÜTIGE KÖNIGSKERZE

— VERBASCUM THAPSUS —

Im Hochsommer explodiert die Kleinblütige Königskerze in einem Gestöber aus gelben Blüten, die sich wie zur Flamme einer Kerze zusammenfügen. Tatsächlich wurde die Pflanze für die Beleuchtung verwendet – durchtränkt mit Öl und angezündet. Früher einmal hat man den wolligen Besatz der Blätter verdreht und als Docht von Kerzen genutzt. Aus den samtigen Blättern erhält man, wenn man sie trocknet und aufgießt, einen geschätzten, die Atemwege beruhigenden Tee. Doch ist es wichtig, den Aufguss zu filtern, da die Blatthärchen möglicherweise reizend wirken können. Der ölige Auszug, den man aus Königskerzenblüten gewinnt, stellt ein wirkungsvolles, schmerzlinderndes Mittel gegen Ohrentzündungen dar. Aus magischer Perspektive ist die Pflanze mit Mut, Sonnenschein und der Fähigkeit, Dunkelheit zu überwinden, verbunden. Um Liebe zu fördern, kann man sie sichtbar an der Kleidung oder im Haar tragen. In einem Säckchen legt man sie unter das Kopfkissen, wenn man Albträume vertreiben will.

– KOSMETISCHE VERWENDUNG –

In der Kosmetik findet die Königskerze als Tonikum für das Gesicht die weiteste Verbreitung. Der Aufguss wirkt ***adstringierend****, verkleinert die Poren, bringt den pH-Wert der Haut ins Gleichgewicht und fördert einen strahlenden Teint. Zur Herstellung des Tonikums gibst du eine Handvoll Blüten in kochendes Wasser und lässt sie etwa 10 Minuten lang ziehen. Lass den Aufguss abkühlen und gieße ihn anschließend durch ein Sieb in eine saubere Flasche. Trage das Tonikum mit einem Wattebausch auf das Gesicht auf und verstreiche es, um ein strahlendes Ergebnis zu bewirken. Auch den Haaren tut die Königskerze gut. Lässt man die Blüten in einem Trägeröl aus Kokosnuss oder Jojoba ziehen, dann entsteht ein nährendes Elixier, das* ***Haare und Kopfhaut pflegt****. Fülle ein Glas mit getrockneten Königskerzenblüten und bedecke sie mit deinem Lieblingsträgeröl. Verschließe es sorgfältig und lass es an einem kühlen, dunklen Ort für die Dauer von 3 Wochen ziehen. Gieße das Öl durch ein Sieb in ein braunes Glasfläschchen. Verteile ein paar Tropfen auf der Kopfhaut und massiere sie dort und in den Haaren als Feuchtigkeit spendende, belebende Pflege ein.*

Königskerzen-Lippenbalsam

DU BRAUCHST:

- *1 EL Sheabutter*
- *1 EL Kokosöl*
- *1 EL Bienenwachs*
- *1 EL Mandelöl*
- *1 EL Königskerzenblütenöl (gut durchgezogen)*

Schmelze Wachs, Kokosöl, Mandelöl und Sheabutter in einem Wasserbadtopf, lass die Flüssigkeit ein wenig abkühlen und gib dann das Königskerzenöl hinzu. Gieß die Mischung in einen kleinen Tiegel und warte, bis sie fest wird. Jetzt ist dein Lippenbalsam fertig! Die Öle und der Königskerzenauszug schützen die Lippen vor äußeren Einflüssen, halten sie weich und feucht.

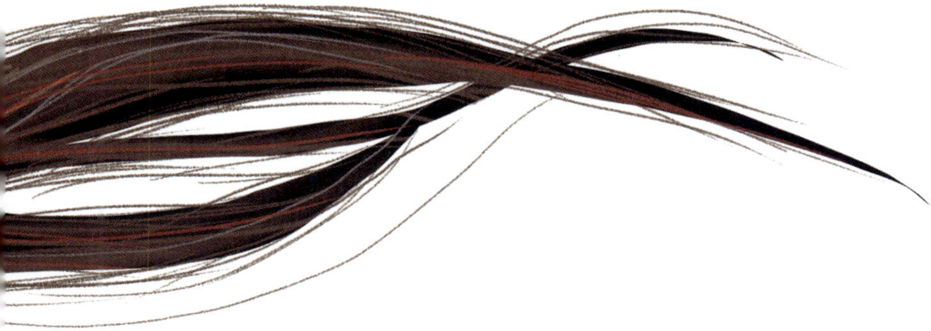

PORTULAK

– PORTULACA OLERACEA –

Portulak ist eine Sukkulente mit fleischigen, ovalen, glänzenden Blättern und einem rötlichen Stängel, die überall wächst, insbesondere auf besonntem, durchlässigem Boden. Die Blüten des Portulaks kommen in allen Schattierungen zwischen weiß, rosa, gelb, orange und tiefrot vor. Es gibt verschiedene Arten. Wilder Portulak hat in der Regel kleine gelbe Blüten. Seine Blätter enthalten großzügige Mengen der Vitamine A, C und E sowie Mineralien wie Magnesium und Kalium. Diese Nährstoffe stärken das Immunsystem, verbessern die Haut- und Augengesundheit und fördern insgesamt das Wohlbefinden des Körpers. Die Blätter sind außerdem mit Omega-3-Fettsäuren angereichert, die den Stoffwechsel regulieren und sich günstig auf den Cholesterinspiegel auswirken. Portulak eignet sich zum Rohverzehr, schmeckt ein wenig säuerlich herb und passt daher in den Salat oder als Gewürz zu rohem oder gekochtem Gemüse.

– KULINARISCHE VERWENDUNG –

Die jungen, zarten Blätter sind mit ihrem frisch-herben Aroma eine gute ***Ergänzung für Salate.*** *Wasche die Blätter, trockne sie vorsichtig und mische sie mit knackigem grünen Gemüse wie Eisberg oder Gurken. Auch als* ***Pesto*** *lässt sich Portulak zubereiten. Hacke frische Blätter mit Walnuss und Knoblauch und füge natives Olivenöl extra hinzu. Eine gute Form der Haltbarmachung und Verwendung dieser Pflanze ist das* ***Einlegen der Blätter.***

Eingelegter Portulak

DU BRAUCHST:

- *frische, gewaschene Portulakblätter*
- *Apfel- oder Weißweinessig**
- *Salz*
- *Knoblauch*
- *Gewürze nach Bedarf (Senfsamen, Koriandersamen oder Chilipfeffer)*

Sterilisiere ein Schraubglas, indem du Glas und Deckel für ein paar Minuten in kochendes Wasser tauchst. Lass beides abkühlen und dann fülle den Behälter mit den frisch gewaschenen Portulakblättern, wobei du oben noch etwas Platz lässt. Füge gehackten Knoblauch und die Kräuter deiner Wahl hinzu. Bringe in einem Topf den Essig mit ein wenig Salz zum Kochen. Sobald der Siedepunkt erreicht ist, stell den Herd aus und lass die Flüssigkeit ein paar Minuten lang abkühlen. Gieß den noch heißen Essig vorsichtig in das

Glas, bis der Portulak ganz und gar bedeckt ist. Schraube das Glas fest zu und lass es vollständig abkühlen. Bewahre das Glas mindestens eine Woche im Kühlschrank auf, bevor du den eingelegten Portulak genießt, damit sich alle Aromen gut miteinander verbinden. Du kannst ihn für Salate und auf Sandwiches verwenden oder Gemüse damit würzen. Vergiss nicht, dass ein geöffnetes Glas innerhalb einer Woche geleert sein sollte.

*Der Portulak sollte vollständig von Essig bedeckt sein. Deine Essigmenge hängt also von der Größe des Glases und der Menge der Blätter ab. Bei 200 ml Essig benötigst du etwa zwei Teelöffel Salz.

HUNDSZAHNGRAS

– CYNODON DACTYLON –

Hundszahngras ist der Inbegriff des Unkrauts. Wegen seines wuchernden Wuchses wird es aus Blumen- und Gemüsegärten gezogen. Dennoch hat die Lyrikerin und Nobelpreisträgerin Louise Glück ihm ein wunderbares Gedicht namens „Witchgrass“ gewidmet, in dem die Pflanze als Symbol für Beharrlichkeit und Widerstandsfähigkeit und als ein Sinnbild jener der Natur innewohnenden Lebenskraft gefeiert wird. Das Werk ist eine Lobrede auf die Vitalität und Unverwüstlichkeit von Hundszahngras, das außerdem reich ist an pflanzenheilkundlich wertvollen Merkmalen. Aus den Wurzeln werden Tees und Aufgüsse mit harntreibenden und entzündungshemmenden Eigenschaften zubereitet. Wegen seines starken, faserigen Wurzelwerks kann Hundszahngras eine wichtige Rolle in der Bodenstabilisierung und Erosionsverhinderung spielen. Außerdem zeigt es sich extremen Umweltbedingungen gewachsen, was es in geschwächten Ökosystemen zu einer die Biodiversität fördernden Art macht.

ZITRONENMELISSE

– MELISSA OFFICINALIS –

Zitronenmelisse hat einen festen Platz in der Welt der Bienen. Da sich die Tiere vom Aroma der Pflanze angezogen fühlen, ist es von alters her üblich, ihre Stöcke mit den Blättern einzureiben, damit die Insekten ihrem Zuhause treu bleiben und nicht davonfliegen. Der Name des Gewächses, *Melisse,* leitet sich ab vom griechischen Wort für Honig. Der griechischen Mythologie zufolge hat eine Nymphe namens *Melissa* den jungen Zeus mit Honig genährt. Also können wir leicht ahnen, welche Süße und Güte der Pflanze eigen sind, die in Tees sowohl der Nervenberuhigung als auch der Förderung gesunden Schlafs dient. Außerdem wirkt Melisse krampflösend und verdauungsfördernd, begünstigt gute Stimmung und reguliert Emotionen, die ganz allgemein mit dem Wohlergehen in Zusammenhang stehen. Auf einer subtileren Ebene ist Melisse mit Gastfreundschaft, Zugehörigkeit und Kindheit verbunden.

AM BAHNGLEIS

Die Gleise der stillgelegten Bahnlinie winden sich durch die Landschaft, einem Weg gleich, der sich am Horizont zu verlieren scheint. Die verrosteten Gleise sind nun ein Zufluchtsort für wilde Gräser und Sträucher, die Böschungen erklimmen, als hielten sie die Reste einer verlorenen Welt zusammen. Auf dem Weg entlang der Trasse stößt man auf von Efeu überwucherte Mauerreste eines verfallenden Bahngebäudes. Man liest die verwitterten Schilder der aufgegebenen Bahnstation, in deren Schatten wilde Malve und Vogelmiere wachsen. Ein Hauch von Magie erfüllt den Ort. Hier haben Kinder ihre Schätze, bunte Kiesel oder Scherben, unter den Stufen versteckt, und wilde Kapernsträucher schieben sich ungestört aus Mauerspalten. Johanniskraut ergießt sich üppig über die rostbraunen Bahnschwellen und Kamille lehnt sich Schutz suchend an die roten Ziegelmauern des alten Bahnhofs. Verwitternde Schienen stellen eine ausgezeichnete Spur in andere Welten, eine Landkarte der Imagination dar. Ihnen folgend sammeln Hexen Wildkräuter für ihre magischen Rituale. Bahnstrecken sind Orte der Begegnung und des Austauschs. Hier treffen Samen von Kräutern ein, getragen vom Wind wie Hexen von ihrer Magie. Sich unter gewöhnliche Leute mischend sammeln Hexen Mohnsamen oder zeichnen Runen in die Luft zum Schutz der Reise. Die Gleise gleichen einem Portal in eine andere Welt, eröffnen neue Richtungen und Träume; hier findet man Wegscheiden und Kreuzungen, die Hexen als Kraftorte heilig sind. In ihrem Buch *Fried Green Tomatoes at the Whistle Stop Cafe* (Grüne Tomaten) belebt Fannie Flagg die Symbolik der Eisenbahn, die Träume und Illusionen, Hoffnungen und Enttäuschungen auf ihren Schienen zu den Menschen befördert. Vielleicht ist es diese Macht, die das Bahngleis zu so einem magischen und faszinierenden Ort macht.

DIE HEXE DER WEGKREUZUNG

—

Die Wegkreuzung ist der Schnittpunkt, an dem Straßen aus vier Richtungen aufeinandertreffen. Sie ist ein magischer Ort, der verbunden ist mit der Macht und Entscheidung für den richtigen Weg. In der Mitte findet sich oft ein Naturaltar oder Schrein mit heiligen Figuren. Die Kreuzung, Thema unzähliger Legenden und vielfältigen Aberglaubens, wird in vielen Kulturen als Ort gesehen, an dem die materielle Welt auf die spirituelle trifft.

Die Kreuzung steht in Beziehung zu verschiedenen Gottheiten und Gestalten aus der Mythologie. Eine von ihnen ist Hekate, die griechische Göttin der Magie und der Nacht. Sie wird oft mit drei Köpfen dargestellt, die für die drei Mondphasen sowie für die drei Reiche des Lebens (Erde, Himmel und Meer) stehen. Außerdem verkörpert Hekate die drei Lebensalter der Göttin: Mädchen, Frau und Älteste. Ihr dreifaches Wesen verbindet sie mit dem Verknüpfungspunkt von mehreren Wegen.

In manchen volkstümlichen Überlieferungen wird die Auffassung vertreten, dass Wegkreuzungen der Treffpunkt für Hexen sind, die dort ihre nächtlichen Sabbate abhalten und den Geistern Opfer darbieten. Der Volksmund sagt, dass es Glück bringt, wenn man mit hängendem Kopf über eine Kreuzung läuft. Pech bringt es hingegen, wenn man mitten auf der Kreuzung stehen bleibt.

In manchen esoterischen Traditionen wird die Wegkreuzung als Wendepunkt zwischen Dasein und Tod, Altem und Neuem interpretiert und symbolisiert die Wahl zwischen verschiedenen Richtungen und Wegen im Leben. Hier hat die Hexe der Wegkreuzung ihren angestammten Platz. Als mythische Gestalt in Märchen und Sagen ist sie diejenige, die das Rätsel stellt, das der Held lösen muss, oder die auf Gedeih und Verderb in die Existenz der Heldin eingreift. Gemäß der Überlieferung hat die Hexe der Wegkreuzung die Macht, Naturgeister zu steuern und die Kräfte von Dasein und Tod zu lenken.

Oft wird sie als einsame, ältere Frau beschrieben, die unordentliche Kleidung und einen spitzen Hut trägt.

Als Tochter der Hekate und Priesterin des Mondes machen sie ihre Kenntnisse über Heilkräuter und ihr Wissen um die Geheimnisse der Magie zu einer respektierten Person, die man wegen ihres Wissens in der Kräuterheilkunde aufsucht. Sie erinnert an die keltische Tradition von Avalon und deren Priesterinnen, die auf der Apfelinsel wohnen, um dort die magischen Künste zu erlernen. Aber sie ist auch ein Widerhall der alten Frau und Kräuterhexe, die am Waldrand lebt, heilt und den Helden initiiert, damit er wachsen und seinen Weg vollenden kann.

Die Hexe der Wegkreuzung ist eine erfahrene Sammlerin. Ihre Magie beruht auf den Kräutern, die an verlassenen Bahntrassen verbreitet sind und eine Verbindung mit der Dimension des Reisens und der Entfaltung aufrechterhalten. Die magischen Zubereitungen aus diesen Pflanzen haben folglich etwas mit Schutz und Erkenntnis zu tun.

Als natürliche Priesterin ist diese Hexe Expertin in Schutzzaubern für Reisende, die an ihrer Station vorbeikommen und ihre schemenhafte Gestalt in der Distanz an den rostigen Schienen sehen. An ihrer Seite sitzt ein Fuchs und sie hält ein Büschel Beifuß und Weißdorn in der Hand. Im Vorbeigehen erreicht dich der Duft wilder Kräuter. Leg ein Beifußblatt in deinen Schuh, lausche dem, was dir zugeflüstert wird, und du wirst während deiner Reise unter Schutz stehen.

KLATSCHMOHN

– Papaver rhoeas –

Im Sommer kann man an Gleisen entlang Mohnblüten im Wind tanzen sehen. Ihre tiefrote Farbe hat Dichterinnen und Maler inspiriert und es ist wundervoll, sie erblühen zu sehen. Klatschmohn (*Papaver rhoeas*) unterscheidet sich von Schlafmohn (*Papaver somniferum*), der einen höheren Wuchs und violette Blätter hat und dessen Milchsaft hochpotente Morphinalkaloide enthält. Mohn ist bekannt für seine beruhigende Wirkung und wird als natürliches Mittel gegen Hustenreiz verwendet. Die getrockneten Blütenblätter können in Tees zum Einsatz kommen. Wegen seiner beruhigenden und entzündungshemmenden Wirkung ist Mohnextrakt auch in Hautpflegeprodukten zu finden. Aus der magischen Perspektive hat Mohn schützende Eigenschaften im Zusammenhang mit Liebe und Träumen. Eine Handvoll Mohnblütenblätter in deinem Kissen kann prophetische Träume auslösen.

– KOSMETISCHE VERWENDUNG –

Nährende Hand- und Gesichtscreme aus Mohn

Dank nährender Eigenschaften von Mohnblütenblättern und Sheabutter eignet sich diese Hand- und Gesichtscreme ***ideal, um trockene und dehydrierte Haut zu pflegen und geschmeidig zu machen.***

DU BRAUCHST:

- *1 EL getrocknete Mohnblüten*
- *2 EL Sheabutter*
- *1 EL Sonnenblumenöl*
- *5 Tropfen ätherisches Lavendelöl*

Vermahle die Mohnblütenblätter mithilfe einer Kaffeemühle oder mit Mörser und Stößel zu Pulver. Schmelze die Sheabutter in einem Wasserbadtopf. Gib das Sonnenblumenöl hinzu und vermische beides gründlich. Dann ergänze das Mohnpulver und rühre erneut sorgfältig um. Zum Schluss tropfst du das Lavendelöl in deine Mixtur und vermengst sie gewissenhaft. Fülle die entstandene Creme in einen Tiegel aus Braunglas und bewahre ihn im Kühlschrank auf.

TOPINAMBUR

– Helianthus tuberosus –

Topinambur ist eine Pflanze, die ihren größten Schatz in der Erde verbirgt. Mit botanischem Namen heißt sie *Helianthus tuberosus* und gehört zu den Korbblütlern. Die krautige Pflanze wächst verzweigt und erreicht mit ihrem kräftigen, knorrigen Stängel eine majestätische Höhe. Die dunkelgrünen Blätter heben sich gegen den Himmel ab und die gelben Blüten lösen Beifallsrufe aus. Geerntet werden jedoch die knollenartigen Rhizome, die man im Herbst wie Kartoffeln aus der Erde gräbt, nachdem das Grün verwelkt ist. Seit Urzeiten kommen sie wegen ihrer nützlichen Eigenschaften zum Einsatz. Die Knollen sind reich an Inulin, einem wertvollen Kohlenhydrat, das die Verdauung und eine gesunde Darmflora unterstützt. Außerdem sind sie essbar und schmecken gut, wie eine Mischung aus Kartoffel und Artischocke. Topinambur fördert unsere Verwurzelung, unsere Fähigkeit, uns zu Hause zu fühlen und Kraft aus dem zu ziehen, was uns glücklich macht.

– KULINARISCHE VERWENDUNG –

Die schmackhaftesten Bestandteile der Topinamburpflanze sind ihre Knollen. Nach der Ernte müssen sie gesäubert werden. Beim Verzehr offenbaren sie eine knackige Konsistenz und ein leicht süßes ***Aroma, das an Karotten oder Kartoffeln erinnert****. Aus ernährungswissenschaftlicher Perspektive sind Topinamburknollen echte Kraftpakete. Der hohe Inulingehalt hilft bei Diabetes, weil er die Blutzuckerwerte senkt. Außerdem* ***enthalten sie Vitamine, Minerale und Antioxidantien****, die das Immunsystem stärken und die allgemeine Gesundheit fördern. Gut schmeckt Topinambur in Risottos oder gekocht mit Kartoffeln. Er* ***eignet sich hervorragend als Beilage*** *und ist wirklich in jeder Kombination köstlich.*

Topinambursuppe mit Haselnussstreuseln

DU BRAUCHST:

- *500 g geschälte und gewürfelte Topinamburknollen*
- *1 Zwiebel, fein gehackt*
- *2 zerdrückte Knoblauchzehen*
- *1 l Gemüsebrühe*
- *100 ml Kokosmilch*
- *50 g geröstete und gehackte Haselnüsse*
- *natives Olivenöl extra*
- *Salz und Pfeffer nach Geschmack*

Erhitze in einem großen Topf Olivenöl und gib Knoblauch und Zwiebel hinein. Dünste beides bei mittlerer Hitze, bis die Zwiebeln glasig sind. Füge die gewürfelten Topinamburknollen hinzu und brate alles unter ständigem Rühren für 5 Minuten. Gieße die Gemüsebrühe in den Topf und bringe alles zum Kochen. Dann verringerst du die Hitze und lässt das Gemüse bei mittlerer Hitze 20 Minuten kochen oder bis der Topinambur weich ist. Püriere die Suppe mit einem Pürierstab, bis sie eine cremige Konsistenz hat. Jetzt kannst du die Kokosmilch hinzufügen, noch einmal gut umrühren und alles weitere 5 Minuten ziehen lassen. Nimm den Topf vom Herd, fülle die Suppe in tiefe Teller und garniere sie mit den gehackten Haselnüssen.

GEMEINE SCHAFGARBE

– ACHILLEA MILLEFOLIUM –

Die krautige Pflanze kann man leicht an ihren unverwechselbaren Blättern erkennen, die aus zahllosen weiteren kleinen Blättern zusammengesetzt sind – daher der Name *millefolium*. Viele kleine weiße Blüten bilden gemeinsam einen schirmförmigen Blütenstand. Gemeine Schafgarbe ist in vielen Gegenden der Welt eine weitverbreitete Pflanze, denn sie ist fähig, sich an die unterschiedlichsten Wetter- und Bodenbedingungen anzupassen. Ihr lateinischer Namen *Achillea* geht zurück auf den sagenhaften griechischen Helden Achilleus, der das Heilvermögen der Pflanze kannte und ihr seine Unsterblichkeit verdankte. Aus der pflanzenheilkundlichen Perspektive wirkt das Gewächs tatsächlich heilend. Das Aufbringen eines mit Schafgarbe zubereiteten Aufgusses oder Öls auf eine Wunde beschleunigt die Vernarbung und schützt die Haut vor Infektion. Außerdem wirkt Schafgarbe blutstillend und wurde deshalb früher als Erste-Hilfe-Maßnahme bei kleineren Wunden angewendet. Die Pflanze fördert zudem die Regulierung des Monatszyklus und kann als Tee eingenommen werden.

– MAGISCHE ANWENDUNG –

In der Magie vertreibt Schafgarbe negative Energie und wirkt so positiv auf die Fähigkeit, gesunde Grenzen zu ziehen. Die Pflanze wird mit persönlichem Schutz in Zusammenhang gebracht, insbesondere mit unserem Vermögen, nein zu sagen und uns unseren eigenen Freiraum zu bewahren. Sie macht es uns leichter, allein zu sein und gedeihliche Abgeschiedenheit zu genießen. Darüber hinaus wird Schafgarbe in mantischen Ritualen verwendet und für Zauber, die Weisheit und Visionen fördern. Ihre getrockneten Blätter kann man als Räucherwerk verbrennen, um während der Magiearbeit spirituelle Anbindung und mentale Klarheit zu unterstützen. Im I Ging wurden Schafgarbenstile verwendet, bevor man sie durch Münzen ersetzte. Abhängig davon, wie sie beim Werfen fielen und welches Muster sie bildeten, hat man sie nach den im I Ging gängigen Hexagrammen interpretiert.

ACKER-WINDE

– CONVOLVULUS ARVENSIS –

Schon ihr Anblick eröffnet dem Geist einen Zugang zur Welt der Fantasie. Nicht ohne Grund haben die Brüder Grimm eine Fee in einem ihrer Märchen aus einer Blüte der Acker-Winde wie aus einem Becher trinken lassen. Tatsächlich gleichen die Blumen der Acker-Winde kleinen Kelchen. Botanisch gehört die Pflanze zu den Windengewächsen. Ihre Kennzeichen sind herzförmige Blätter, schlanke Ranken und trichterförmige, zartrosafarbene Blüten, die sich beim ersten Licht öffnen und am Abend schließen. Früher wurde das Kraut als Abführmittel verwendet, doch ist Vorsicht angeraten, denn manche der Windengewächse sind giftig; für den Verzehr sind sie keinesfalls geeignet. In alten Zeiten galt der Glaube, dass sie von Geistern und Feenwesen bewohnt seien. Ihre glockenförmigen Blüten, von denen man meinte, sie zögen Liebe an, hielt man für die Trinkkelche der Elfen, aus denen sie den Morgentau genossen.

WEISSER GÄNSEFUSS

– CHENOPODIUM ALBUM –

Dieser „wilde Spinat“ gehört zu den Fuchsschwanzgewächsen. Typischerweise sind seine grünen Blätter mit einem flockigen weißen Pulver bestäubt, eine schützende Schicht, die der Pflanze ihr typisches Aussehen verleiht. Mit den jungen, zarten Blättern kann man Salate und Suppen bereichern und ihnen eine würzige, leicht herbe Geschmacksnote hinzufügen. Doch kommen sie auch wegen ihrer adstringierenden, harntreibenden und entzündungshemmenden Eigenschaften insbesondere bei Verdauungsstörungen zum Einsatz. Die Blätter sind reich an Spurenelementen wie Vitaminen (A, C, K) sowie Mineralen (Kalzium, Eisen, Kalium) und wirken entsprechend stärkend auf das Immunsystem und den allgemeinen körperlichen Gesundheitszustand. Aus energetischer Sicht steht der Weiße Gänsefuß in Beziehung zu einem einfachen Leben und der Wertschätzung der kleinen, alltäglichen Freuden. Seine Schlichtheit erinnert uns an unsere eigene Natürlichkeit.

ACKER-SENF

– SINAPIS ARVENSIS –

Acker-Senf ist leicht zu erkennen. Er kann bis zu einem Meter hoch werden und hat dunkelgrüne, lanzettförmige Blätter mit gezackten Rändern. Die Blüten sind winzig, gelb und traubenförmig an Stängeln angeordnet. Die schwarzen runden Samen befinden sich in kleinen Schoten und werden nach der Ernte vermahlen, um daraus Öl zu gewinnen. Kräuterkundige nutzen die schmerzlindernde, antibiotische und entzündungshemmende Wirkweise der Saat. In alten Rezepten werden aus den gemahlenen, mit Wasser zu einem Brei vermischten Samen Kompressen hergestellt, die bei Husten auf die Brust gelegt oder als Dampf eingeatmet werden, um eine verstopfte Nase zu befreien. Die Pflanze steht wegen ihrer Feurigkeit und Schärfe mit Mars in Verbindung. Im ländlichen Italien war sie weitverbreitet. Dort streute man die Samen vor die Tür, um negative Energie fernzuhalten.

DIE LANDSTRASSE

Aus jedem Dorf führt eine Landstraße heraus, die sich wie ein glänzendes Band durch die Landschaft windet. Man kann sich ihr zu jeder Tages- und Nachtzeit anvertrauen. Doch der magischste Zeitpunkt ist die Abenddämmerung, wenn sich das Licht golden verfärbt und die ersten Sterne am indigofarbenen Himmel erscheinen. Es kommt der Moment, in dem Himmel und Erde miteinander zu verschmelzen scheinen, wenn sich Grenzen auflösen und wir eintauchen ins Ganze. Erst in diesem Augenblick erfasst man die Umgebung mit ganzem Bewusstsein. Die Gräser am Wegesrand scheinen im Abendhauch zu tanzen und wenn du mit den Fingern durch Pfefferminze streichst, dann nimmst du ihren Duft mit hinein in die Nacht. Grillen zirpen ihre Abendsymphonie und begleiten den Ruf der entfernten Eule, die im Zwielicht eben erwacht. Die Luft ist erfüllt von intensiven, erdigen Gerüchen, dem Duft nach feuchter Erde, der sich mit dem süßen Aroma der Blumen vermischt, die sich erst zur Nacht öffnen. Jede Blüte ist eine kleine Farbexplosion, die dem Feuerwerk auf einem Dorffest im Mittsommer gleicht. Am Rand dieser Straße, die die Seele für Wunder öffnet, stößt man vielleicht auf ein freistehendes einzelnes Gehöft, dessen Gartenpforte mit Efeu überwachsen ist und das seine Geheimnisse vor den Blicken der Reisenden verbirgt.
Es ist das Haus der Dorfhexe. Sie bewahrt das Wissen der ländlichen Gegend in den nie endenden Tänzen der zyklischen Natur, in den üppig wachsenden Pflanzen, in den von fruchtbarer Erde verborgenen Geheimnissen und lässt es einfließen in ihre Heilmittel, Sirupe und Gläser voller Kräuter und Wurzeln. Die Dorfhexe mit ihrem durchdringenden Blick und ihren weisen Händen ist das lebendige Glied zwischen der Menschheit und der alten Weisheit der Erde. Die Landstraße lockt dich und lädt dich ein, ein wildes Land zu betreten. Folge dem nächtlichen Gesang der Insekten und halte inne im violetten Atemhauch des Himmels, der das Aufgehen des Mondes ankündigt.

DIE DORFHEXE

Die von der Dorfhexe beschworene Symbolik reicht zurück in Vorzeiten, in denen das Wissen um Kräuter und natürliche Heilmittel entscheidend für das Überleben in ländlichen Gemeinschaften war.

Dorfhexen betrachtete man als die Bewahrerinnen überlieferter Weisheit und von bedeutenden, von einer Generation an die nächste überlieferten Heilrezepten und Wahrsagepraktiken. Durch ihr fundiertes Wissen über Pflanzeneigenschaften, Rituale und Mondphasen ist es ihnen möglich, Krankheiten zu heilen, Schmerzen zu lindern und das Wohlergehen von Menschen zu fördern.

In vielen Märchen kommen Dorfhexen vor, die sich im Wald versammeln, im Mondlicht tanzen und Zaubertränke zubereiten.

Man glaubte, dass diese Frauen Gestaltwandlerinnen seien, dass sie mit Tiergeistern kommunizieren und fähig seien, die Grenzen zur materiellen Welt zu überschreiten. Vor allem aber ist die Dorfhexe eine Kräuterexpertin. Ob es sich um wilde oder kultivierte Pflanzen, um medizinische oder essbare handelt, sie kennt sie und weiß, wo sie sie findet. Sie wertschätzt die Reichtümer, die uns auf allen Seiten umgeben.

Fast immer besitzt die Dorfhexe einen Gemüsegarten und auch der entfaltet magische Wirkung. Er gestattet es ihr, mit der Magie der kleinen Dinge, die darin gemäß ihrem eigenen Lebenskreislauf gedeihen, Verbindung aufzunehmen.

Wie die Königin der Münzen im Tarot ist diese Hexe immer und für alles offen. Sie heilt Kranke, indem sie sich Volkspraktiken zunutze macht. So war es etwa bei Hexen in den toskanischen Bergen üblich, Ängste mit Aufrechtem Ziest (*Stachys recta*) zu vertreiben. Die Wildpflanze wird in verschiedenen Volkssagen wegen ihrer beruhigenden Eigenschaften erwähnt, die Ängste und Befürchtungen mildern. In der Praxis stellt man einen Aufguss aus den Blättern oder Blüten des Gewächses her. Das Pflanzenmaterial wird in einem Topf mit Wasser übergossen und zum Kochen gebracht und nach dem Abkühlen genutzt, um die Ängste der Betroffenen abzuwaschen.

> **Doch das Wissen der Dorfhexe geht über einfache Kräuterkunde hinaus. Es ist subtil und hat seinen Ursprung in ihrer Fähigkeit, den Pflanzen zuzuhören. Pflanzen sind ihre Freunde und der Garten ist ihr bevorzugter Ort für Zauber und Magie.**

Man kann sie dabei beobachten, wie sie Kupferglöckchen an Tomatenpflanzen befestigt, damit sie besser wachsen, oder wie sie mit den Maiglöckchen, die neben dem Eingang zu ihrem Haus wachsen, Tee trinkt. Ihre besondere Gabe ist die Einfachheit. Sie wartet auf dich, auf der Eingangstreppe ihres Hauses sitzend, mit einer Tasse Zitronenmelissentee in den Händen dem Zirpen der Grillen lauschend, erfüllt von Dankbarkeit für die Fülle des Lebens.

BREIT- ODER SPITZWEGERICH

– PLANTAGO MAJOR ODER LANCEOLATA –

Breitwegerich wächst gerne in der Nähe von Häusern. In der Pflanzenheilkunde schätzt man ihn wegen seiner entzündungshemmenden und beruhigenden Eigenschaften. Seine an Schleimstoffen reichen Blätter finden Verwendung bei der Behandlung entzündeter Atemwege. Ein Aufguss mit seinen Blättern ist ein natürliches Mittel gegen Halsschmerzen und Husten. Ein aus seinen Blättern zubereiteter Sirup hilft wegen seiner schleimlösenden Wirkung bei produktivem Husten. Früher einmal wurde die Pflanze mit Schlangen in Verbindung gebracht; wegen ihrer schützenden Kraft sollte sie nach einem Biss Schlangengift aus dem Körper ziehen. Auch wenn dies nicht zutrifft, hat sich die Pflanze auf einer subtileren Ebene dennoch ihre schützenden und reinigenden Eigenschaften bewahrt. Ein Blatt im Schuh soll den Reisenden auf seinen Wegen schützen.

– KULINARISCHE VERWENDUNG –

*Wegerich ist ein ausgezeichnetes Nahrungsmittel. Die jungen Blätter können einen Salat mit Frische sowie einem breiten Spektrum an Nährstoffen wie den Vitaminen A, C und K, Kalium und Kalzium bereichern. Es gibt verschiedene Wegericharten, Breit- und Spitzwegerich (***Plantago major*** *beziehungsweise* ***lanceolata****) sind die bekanntesten. Beide haben ähnliche Eigenschaften, doch Breitwegerich besitzt größere und breitere Blätter als Spitzwegerich, dessen Blätter länger sind und fast aufrecht stehen. Als Nahrungsmittel sind die Blätter nutzbar, ebenso wie die Samen, die sich nach dem Blühen entwickeln. In manchen Kulturen wird die Pflanze als der Spargel des armen Mannes bezeichnet und kann zum Würzen verschiedener Speisen verwendet werden.*

Breitwegerich-Tarte

DU BRAUCHST:

- *2 Sträußchen Wegerichblätter*
- *5 oder 6 Kartoffeln*
- *2 Eier oder 2 EL Kichererbsenmehl mit 2 EL Wasser vermischt für eine vegane Variante*
- *100 ml Sojamilch*
- *50 g geriebenen Käse (Parmesan oder Pecorino) oder Nährhefe für eine vegane Variante*
- *1 Knoblauchzehe*
- *Salz und Pfeffer nach Bedarf*
- *Olivenöl zum Einfetten der Form*

Heize den Backofen auf 180 Grad Celsius und fette die Form mit Olivenöl ein. Koche die Kartoffeln, schäle sie anschließend und schneide sie in Würfel. Blanchiere die Wegerichblätter 4–5 Minuten in kochendem Salzwasser. Verquirle in einer Schüssel die Eier mit der Milch und gib den geriebenen Käse hinzu. Zerdrücke die Kartoffeln mit einer Gabel, gib die gehackten Wegerichblätter und die Eimischung hinzu. Vermische die Zutaten vorsichtig, salze und pfeffere sie und backe die Wähe 25–30 Minuten fertig.

MINZE

— MENTHA SPP. —

Die Minze ist eine äußerst mitteilsame Pflanze. Sobald du die Feldflur betrittst, die sie bewohnt, erkennst du sie, noch bevor du sie siehst, an ihrem Duft. In der Pflanzenheilkunde ist sie berühmt als Mittel gegen Blähungen und zur Verdauungsförderung. Ihr ätherisches Öl enthält Menthol, das die Muskeln des Verdauungssystems entspannt und daher gegen Krämpfe und Magenschmerzen wirkt. Mit einem Aufguss der Blätter kann man Verdauungsstörungen, Blähungen und Übelkeit lindern. Doch ist Minze auch bekannt für ihre beruhigenden Eigenschaften. Inhaliert oder auf die Haut aufgetragen verringert ihr Öl Anspannung. Im Sommer kann man sich außerdem den kühlenden Effekt der Minze zunutze machen. Wenn man müde Beine oder Sonnenbrand hat, schafft sie Erleichterung. In der Meditation ist sie eine wertvolle Unterstützung. Ihr Duft unterstützt Konzentration und fördert in mantischen Ritualen das Verständnis von im Universum verborgenen Botschaften.

OMNIA VINCIT AMOR

WILDE MALVE

– Malva sylvestris –

Die Kombination aus Grün und Lila und die weichen, herzförmigen Blätter stechen heraus aus dem Bewuchs des Grünstreifens. Die Malve ist eine zarte Pflanze, die sich direkt an die Seele kleinerer Kreaturen wendet: Kinder, Tiere, Elfen und Feen. Von alters her erfährt die Malve Wertschätzung wegen ihrer beruhigenden, entzündungshemmenden und hautpflegenden Merkmale. Blätter und Blüten enthalten Schleimstoffe, die der Pflanze eine samtige Beschaffenheit verleihen und die Schleimhaut etwa der Atemwege gegen Reizung schützen. Wegen ihres pflegenden Wesens wird sie in Form von Kompressen oder Aufgüssen gerne gegen Hautreizungen verwendet. Der Volksmund bringt die Malve mit Liebe und Prophezeiung in Verbindung. Die Blütenblätter wurden für Liebeszauber verwendet, hingegen sollten die Blätter Intuition und übersinnliche Wahrnehmung fördern. Es hieß, die Pflanze schaffe Harmonie in Beziehungen und fördere liebevolle Kommunikation.

– KOSMETISCHE VERWENDUNG –

Mit ihrer zarten Schönheit und ihren nützlichen Eigenschaften ist Malve bei Haut- und Haarpflege eine hilfreiche Verbündete. Durch ihre hautpflegenden Eigenschaften vermag sie insbesondere trockene, empfindliche oder gereizte Haut zu beruhigen und mit Feuchtigkeit zu versorgen. Sie hat einen festen Platz in der Herstellung von Cremes, Lotionen und Salben für den ganzen Körper, denn sie lindert Juckreiz, Rötung und Entzündung. Außerdem ist ein Aufguss aus ihren Blättern und Blüten als Mundwasser nutzbar.

Malven-Feuchtigkeitslotion

DU BRAUCHST:

- *200 ml destilliertes Wasser*
- *1 Handvoll Malvenblüten und -blätter*
- *2 EL natürliches Glycerin*
- *2 EL Kokosnussöl*
- *1 EL Sheabutter*
- *1 EL Bienenwachs*
- *10 Tropfen ätherisches Lavendelöl (optional)*

Bringe das destillierte Wasser in einem Topf zum Kochen. Gib die Malvenblüten und -blätter hinzu und lass sie ca. 10 Minuten kochen. So extrahiert man die Schleimstoffe und andere nützliche aktive Inhaltsstoffe. Danach nimm den Topf vom Herd und lass ihn etwas abkühlen. Gieße den Inhalt durch ein Sieb, um das Pflanzenmaterial zu entfernen. Schmelze in einem

Wasserbadtopf bei geringer Hitze Kokosnussöl, Sheabutter und Bienenwachs. Rühre um, bis eine homogene Flüssigkeit entsteht. Gib dann den Malvenaufguss in die Ölmischung und verrühre alles gründlich. Lass die Mischung abkühlen, ergänze das Glycerin und, falls gewünscht, das ätherische Öl. Fülle die Lotion in ein luftdichtes Schraubglas.

GEWÖHNLICHE VOGELMIERE

– Stellaria media –

An den Böschungen der Landstraßen reckt die Vogelmiere ihre kleinen weißen Blüten nach oben. Wenn man ihr begegnet, das ist gewiss auch dir schon passiert, lässt sie eine Wiese aussehen wie einen grünen Himmel, in den weiße Sterne hineingetupft sind. Die Pflanze strahlt Frische aus, wächst im Winter und gibt für Spinat und Mangold eine gute Würze. In der Pflanzenheilkunde erfahren ihre Blätter und Blüten Wertschätzung für die enthaltenen Flavonoide, Saponine und das Vitamin C, die für die weichmachenden und lindernden Eigenschaften der Vogelmiere sorgen. Sie findet Verwendung bei der Linderung von Hautirritationen, etwa durch Ekzeme oder Dermatitis, und fördert die Harnausscheidung. Traditionell gilt sie als Glücksbringer und Schutz. Kleine Sträuße über der Tür oder in einem Säckchen bei sich getragen fördern Wohlstand und vertreiben negative Energie. Man verbindet sie mit Treue und Liebe, sie schafft Harmonie in Beziehungen und fördert Bindungen, in denen echte Zuneigung gepflegt wird.

ECHTES JOHANNISKRAUT

– HYPERICUM PERFORATUM –

Die gelben Blüten des Johanniskrauts zeigen sich an Junitagen um die Sommersonnenwende. Als magische Pflanze reinster Prägung steht sie im Zeichen von Sonne und Sommer. Ihr Namenszusatz *perforatum* bezieht sich auf die dicht mit durchscheinenden Öldrüsen besetzten Blätter, die im Gegenlicht wie durchlöchert wirken. Bei kleinen Verletzungen, Verbrennungen oder Ausschlägen entfaltet Johanniskraut große Heilwirkung. Oral eingenommen wirkt es als Stimmungsaufheller auf den Serotoninspiegel und somit gegen innere Unruhe und Schlafstörungen. Das blutrote Johannisöl, das aus den Blüten hergestellt wird, hilft gegen Ausschläge und kann für belebende Massagen etwa nach dem Sport verwendet werden.

Warnung: Johanniskraut tritt sehr wahrscheinlich mit anderen Medikamenten wie etwas Antidepressiva, Gerinnungshemmern und oralen Verhütungsmitteln in Wechselwirkung. Auch kann es die Sonnenempfindlichkeit steigern; die Verwendung eines Sonnenschutzmittels wird empfohlen.

– MAGISCHE ANWENDUNG –

Du kannst Johanniskraut im Sommer ernten und für deine Zauber verwenden. Es wird als äußerst starke magische Pflanze betrachtet, die in Legenden und Traditionen bis in die Antike vorkommt. Es steht in Verbindung mit Johannes dem Täufer, was auch seinen Namen erklärt. Als Heilpflanze wird es in Amuletten und Talismanen für Glück und Schutz am Körper getragen. Ein Strauß Johanniskraut, zusammengehalten mit einem roten Band, über der Eingangstür hält Negativität bis zum nächsten Sommer fern.

Sommersäckchen

DU BRAUCHST:

- *1 kleines goldenes oder gelbes Stoffsäckchen*
- *1 Handvoll getrocknete Johanniskrautblüten*
- *1 klaren Quarzkristall*
- *3 Tropfen ätherisches Lavendelöl*
- *1 Stück Goldband*

Nimm das kleine goldene oder gelbe Stoffsäckchen in die Hand und konzentriere dich auf deine Zielsetzung des Heilens oder Schützens. Fülle die getrockneten Johanniskrautblütenblätter in den Beutel. Stell dir dabei vor, wie aus den Pflanzenteilen goldenes Licht entströmt. Füge den Quarzkristall hinzu. Er wird die Wirkung des Johanniskrauts verstärken und dir helfen, die Intention deiner Magie zu fokussieren. Ergänze das ätherische Lavendelöl. Es schafft Ruhe und Harmonie und steigert die heilende und schützende Wirkung deines Säckchens noch einmal. Zum Schluss verschließt du es mit dem goldenen Band. Dabei stellst du dir vor, wie das Band die magische Energie in dem Beutel versiegelt und ihn mit guten Schwingungen auflädt.

ECHTE KAMILLE

– MATRICARIA RECUTITA –

Kamille führt wilde und häusliche Geister zusammen. Sie verbreitet sich mit dem Wind – eine ewige Nomadin. Aber sie ist, als Kräutertee genossen, auch ein Symbol für häusliche Ruhe. Ihr zweifaches Wesen übermittelt eine Botschaft, die zugleich stark und sanft ist: Sorge dafür, dass dein Herz unbeschwert ist. Kamille wird mit Gelassenheit verbunden. In der Kräuterheilkunde wird sie geschätzt für ihre entspannende Wirkung und eingesetzt, um Stress abzubauen und Schlaf zu fördern. Ihre aktiven Inhaltsstoffe wie Apigenin beruhigen das Nervensystem und bewirken ein Gefühl von innerer Ruhe. Sie wirken außerdem entzündungshemmend und krampflösend, finden Anwendung bei Magen-Darm-Beschwerden und als Heilmittel für Hautreizungen oder Sonnenbrand. Die Blüten der Kamille sind klein. Ihre weißen lanzettförmigen Blütenblätter sind rund um ein gelbes Blütenkörbchen angeordnet. Aus der magischen Perspektive fördert Kamille die Abgeklärtheit des Geistes.

IM UNTERHOLZ

Es gibt einen Ort im Herzen des Waldes, an dem seine grüne Seele pulsiert: das Unterholz. Es ist eine verborgene Welt, in der das Sonnenlicht den Pfad auf andere Weise erreicht. Das Dickicht eines Gehölzes zu betreten, setzt Gefühle frei, wie man sie auch in einer eindrucksvollen Kathedrale hat. Es besitzt eine heilige Dimension. Hier ist Flüstern ganz und gar natürlich. Die Temperatur verändert sich, es wird kühler und duftet nach feuchter Erde, Moos und Tannen. Die Luft hat das Aroma von Zitronen. Hier findest du geheime Durchgänge oder magische Kreaturen wie Elfen, die manchmal im Vorübergehen rätselhafte Spuren hinterlassen, denen du vielleicht folgen möchtest. Genauso verhält es sich mit einem Pilzkreis, der, wenn er nach genauer und geheimnisvoller Ordnung ausgerichtet ist, als Hinweis auf einen Elfentanz gedeutet wird, der für jene, die teilnehmen, die Zeit anhält. Falls du an einem Elfentanz Anteil hast, kehrst du erst Monate oder Jahre später in die Wirklichkeit zurück, so ist es in zahlreichen Elfenmärchen überliefert. Das Unterholz ist ein Übergang und deshalb ein magischer Ort, an dem alles möglich ist: mit einem Fuchs zu sprechen, einen versteckten Schatz oder einen Elfenhandschuh zu finden. Es ist der Lieblingsort der Waldhexe und ihr Allerheiligstes, wo sie arbeitet und Kräuter oder Pflanzen mit geheimen, schützenden oder heilenden Kräften sammelt. Hier trifft sie ihre Tierführer: die Eule, den Wolf und den Hasen, die ausschließlichen Hüter ihrer Geheimnisse.

DIE WALDHEXE

—

Die Waldhexe kennt das Unterholz wie ihre Westentasche. Mithilfe ihrer inneren magischen Landkarte gelangt sie immer dorthin, wo sie sein muss. Sie ist Einzelgängerin, doch sie arbeitet stets im engen Kontakt mit dem Wald und seinen Bewohnern, den Tieren und Elfen.

Die Zwerge und Elfen kennen die Waldhexe gut und sie ist gleichfalls mit ihnen vertraut. Sie bewohnen die gleichen Welten, sichtbar und unsichtbar, und kümmern sich um sie. Mehr als irgendeine andere Hexe verkörpert die Waldhexe das wilde, ungezähmte Wesen des Waldes. Sie weiß, wann der richtige Zeitpunkt für die Ernte von Beinwellwurzeln ist und wann man Dünger, Hagebutten und Weißdornhonig, diese stillen Hüter beider Welten, auslegen muss.

Zu ihren Spezialitäten gehört die Herstellung von Amuletten und Talismanen, die ihren Ursprung in der Weisheit der Natur haben. Sie taucht ein in die Energie des Waldes, sammelt, was sie braucht, und schafft schützende Glücksbringer gegen negative Energie, indem sie Kräuterzweige verwebt; oder sie fertigt Amulette an, um Wohlstand und Fülle anzuziehen, indem sie einen glänzenden Stein auf einem Wurzelknoten anbringt.

Aus den geheimen Schätzen des Waldes stellt sie ihren Medizinbeutel her, der von schamanischen Vorbildern inspiriert ist und die Magie und Essenz des Waldes enthält. Diese kostbaren Behältnisse webt sie von Hand aus Pflanzenfasern und folgt dabei der althergebrachten Webtradition der Hexen. Darin verwahrt die Waldhexe ihren eigenen Schatz aus magischen und geheiligten Gegenständen, die sie während ihrer Wanderungen durch das Unterholz sucht und findet. Es kann sich um würzige Wurzeln mit zartem Duft handeln, um Heilkräuter, Steine von verborgenen Pfaden, Blätter, die wie zarte Stoffe aussehen, Federn von Singvögeln und zahllose andere kleine Schätze wie Flusskiesel oder Kristalle, die mit den Reichen von Luft und Wasser verbunden sind. Jedes Objekt ist von symbolischer Bedeutung: Kräuter für Tränke und Räucherwerk, Steine für magische Amulette, Federn zum Fliegen zwischen den Welten und Knochen oder Kiesel für die Rückkehr zu den eigenen Wurzeln und um nicht vom Heimweg abzukommen.

Die Waldhexe bedient sich ihres Medizinbeutels – ein geheimnisvolles Werkzeug, das die Aufgabe als Vermittler zwischen dem Wilden und dem Alltäglichen übernimmt – in ihren magischen Praktiken und nutzt die Objekte darin mit Respekt und Sorgfalt. Und sobald sie ihren Zauber gewirkt hat, kehrt die Waldhexe zurück in ihr Heim.

Hinter ihr haben die Eichen eben ihre Blätter abgeworfen; diese liegen zart auf der dunklen Erde. Ein Wolf beobachtet sie aus der Ferne und zieht sich zurück. Er ist ihr magischer und treuer Gefährte, der sich entfernt von ihr aufhält und an ihrer Seite ist, sobald sie ihn braucht.

LEIMKRAUT

– Silena vulgaris oder Silena alba –

Leimkraut, wie die Weiße Lichtnelke und das Taubenkropf-Leimkraut, gehört zu den Nelkengewächsen, die an Waldrändern wachsen. Sie sind an ihren gegenständigen, ovalen bis lanzenförmigen Blättern und an ihren weißen zwiebelartigen Blüten leicht zu erkennen. Ihre wichtigsten Nährstoffe sind Vitamin C, Saponine und Schleimstoffe, daher sollten sie roh oder kurz gedünstet verzehrt werden. Geschmacklich erinnern sie an frisch geerntete grüne Erbsen. Doch kennt man Leimkraut auch für seine hautpflegenden und beruhigenden Eigenschaften. In der Volksmedizin wird es gerne bei Verdauungsbeschwerden eingesetzt. Aufgüsse aus den Blättern und Blütenblättern fördern die Verdauung und lindern Magen-Darm-Störungen. Die Pflanzen wachsen ortstreu, so muss man ihren Standort nur einmal suchen. Ihren lateinischen Namen haben sie von Silenos, dem Gefährten des Bacchus. Von ihm heißt es, er habe einen vorgewölbten Bauch gehabt, der an die Leimkrautblüten erinnert. Leimkräuter werden mit Hellsichtigkeit, Intuition und einem wilden Geist in Verbindung gebracht.

EINJÄHRIGES SILBERBLATT

– LUNARIA ANNUA –

Im Unterholz gibt es eine Pflanze, die im Spätsommer silberne Monde ausbildet. Diese flachen, silbrig schimmernden Schoten enthalten die Samen des Silberblatts. Seine violetten Blüten sind mit die ersten, die sich im Frühjahr zeigen. Im Volksmund heißt es auch Gartenmondviole oder wegen seiner an Münzen erinnernden Form Judaspfennig. Die Blätter sind herzförmig und gezackt. Die Blüten kann man wie Brokkoli essen; blanchiert und mit Knoblauch sowie Chili sautiert, ergeben sie eine unverwechselbare Beilage mit scharfem, leicht bitterem Geschmack. Die noch grünen Früchte schmecken wunderbar würzig und ergänzen einen Salat oder können sauer eingelegt werden. Die Blüten sind für Frühlingsgerichte oder zur Verschönerung von Nudelsalaten oder Risottos nutzbar. Die Verbindung der Pflanze mit dem Mond tritt unübersehbar zutage, vor allem, sobald die Schoten vertrocknet sind, ihre Samen freisetzen und so eine dem Mondlicht ähnelnde transparente Membran freilegen.

– MAGISCHE VERWENDUNG –

*Das Silberblatt wird in vielen Kulturen mit Wohlstand und Überfluss assoziiert. Seine silbrigen Schoten empfindet man als Symbol von Reichtum und Glück und in der praktischen Magie setzt man sie als Amulette oder Talismane ein, um Fülle in das Leben des Trägers zu rufen. Es heißt, dass man Überfluss und Üppigkeit anlocken kann, wenn man eine der Schoten im Portemonnaie bei sich trägt oder das Haus damit schmückt. Wegen ihrer runden, mondförmigen Kontur wurden sie Mondgottheiten als Opfer dargeboten, um Schutz gegen böse Geister und Armut zu erwirken. Außerdem besteht ein Zusammenhang mit Ehrlichkeit (***Honesty** *– ihr englischer Name) und der Fähigkeit, konsequent man selbst zu sein, das eigene Licht nicht unter den Scheffel zu stellen und die eigene Seele mit ihren Bedürfnissen tief zu kennen. Silberblatt symbolisiert somit den Weg, der dich zu dir selbst zurückführt.*

Vollmond-Räucherwerk

DU BRAUCHST:

- *getrocknete Silberblattschoten*
- *Myrrheharz*
- *getrockneten Lavendel*
- *Mörser und Stößel*

Dieses Räucherwerk kannst du an einem Vollmondabend zubereiten. Suche dir einen ruhigen, Gelassenheit ausstrahlenden Ort, an dem du dich ganz und gar auf dein Tun konzentrieren kannst. Beginne, indem du den magischen Kreis um dich ziehst, um einen geheiligten, geschützten Raum zu schaffen. Zerstoße die Silberblattschoten vorsichtig in deinem Mörser und fokussiere dich dabei auf deine Intention. Visualisiere, wie das Mondlicht in den Schoten reflektiert wird und sie während des Mahlvorgangs in ein magisches Pulver verwandelt. Gib das Myrrheharz hinzu, zerstoße es ebenfalls und verbinde die reinigende, schützende Energie der Myrrhe mit der Macht des Silberblatts. Ergänze den Lavendel und vermahle alles zu einem homogenen, duftenden Pulver. Gib die Mischung in einen Glasbehälter und lagere ihn an einem kühlen, dunklen Ort, bis du sie verwenden möchtest.

KNOBLAUCHS-RAUKE

– ALLIARIA PETIOLATA –

Die Knoblauchsrauke ist mit dem Silberblatt verwandt. Sie entwickelt weiße Blüten und einen unverkennbaren Knoblauchduft. Ihr Standort ist im Unterholz an schattigen, feuchten Plätzen. Man erkennt sie nicht nur an ihrem Duft, sondern auch an ihren herzförmigen, gekerbten Blättern. Die Pflanze, die wegen ihres einzigartigen Aromas und ihres Nährwerts geschätzt wird, ist ideal für alle, denen die Verdauung von Knoblauch Schwierigkeiten bereitet, die jedoch seinen Geschmack mögen. In der Abenddämmerung setzt die Knoblauchsrauke ihren starken Duft frei, weshalb sie im Englischen auch *Jack by the Hedge* heißt – wenn es dunkel wird, kommt der Teufel und man sollte sich dann besser auf den Heimweg machen. Ihr Duft verbindet sie mit den Feuern und Ritualen von Beltane. Mit einem aus ihren Stängeln gewundenen Kranz heißt du den Sommer willkommen.

– KULINARISCHE VERWENDUNG –

Knoblauchsrauke ist von hohem Nährwert. Die wilde Pflanze ist reich an Vitamin C und A sowie an Kalzium und Eisen und leistet mit ihren wichtigen Spurenelementen einen Beitrag zu einer ausgewogenen Ernährung. Die Blätter mit ihrem charakteristischen Knoblaucharoma kann man roh in einem Salat verarbeiten, frisch gehackt in Saucen, Suppen und zu Gemüsegerichten geben oder in einem schmackhaften Pesto als Brotaufstrich oder zu Pasta reichen.

Pasta mit Knoblauchsrauken-Pesto

DU BRAUCHST:

- *2 Handvoll frische Knoblauchsraukenblätter*
- *1/2 Handvoll frische Basilikumblätter*
- *1 Handvoll Walnüsse oder Pinienkerne*
- *4 EL geriebenen Käse (Parmesan oder Pecorino) oder Nährhefe für Veganer*
- *2 Knoblauchzehen*
- *Saft von 1/2 Zitrone*
- *120 ml natives Olivenöl extra*
- *Salz und Pfeffer nach Geschmack*
- *300 g Pasta (am besten eignen sich Spaghetti oder Penne)*

Koche die Pasta in einem Topf mit Salzwasser. Dann spülst du die Knoblauchsraukenblätter und das Basilikum ab, gibst sie mit Walnüssen oder Pinienkernen, geriebenem Käse oder der Nährhefe, dem Knoblauch und Zitronensaft in einen Mixer. Während das Gerät noch läuft, gießt du langsam das Olivenöl hinzu und verarbeitest alles zu einer glatten, cremigen Paste. Würze nach Geschmack mit Salz und Pfeffer. Gieß die Nudeln ab, sobald sie *al dente* sind, und schwenke sie im Knoblauchsrauken-Pesto. Garniere das Gericht mit geriebenem Parmesan oder mit Nährhefe sowie mit frischen Knoblauchsraukenblättern.

BEIFUSS

— ARTEMISIA VULGARIS —

Beifuß mit seinen silbrigen Blättern, die im Mondlicht glänzen, wuchert im Unterholz. Er ist dem Mond geweiht und Artemis, der Göttin der Wälder, Bären und des ungezähmten Geistes, von der er seinen lateinischen Namen hat. Sein anregender Duft ist unverwechselbar und begleitet dich auf deinem Weg durch den Wald. Manche Beifußarten werden in der Pflanzenheilkunde wegen ihrer aromatischen und medizinischen Eigenschaften verwendet, die die Verdauung fördern, Menstruationsbeschwerden mildern und das Immunsystem unterstützen. Doch sollte man auf jeden Fall medizinischen Rat einholen, bevor man Beifußprodukte einnimmt, denn das Kraut enthält *Thujon*, eine leicht giftige Substanz. Das Brauchtum bringt Beifuß mit der Traumwelt in Zusammenhang. Ein paar Blätter unter dem Kopfkissen fördern prophetische Träume. Als Räucherwerk verbrannt ruft er hingegen einen Zustand der Entspannung und Aufgeschlossenheit hervor und löst tiefe Visionen aus.

– KOSMETISCHE VERWENDUNG –

Beifuß kann mit seinen energetischen und therapeutischen Eigenschaften für den weiblichen Schoß und Zyklus besonders zuträglich sein. Das Kraut besitzt eine subtile Energie, die mit dem Mond und einem ausgeprägten Geist von Schwesternschaft im Einklang mit der göttlichen Energie von Artemis verbunden ist. Deshalb kann seine beruhigende und belebende Natur helfen, Unbehagen aufzulösen und ein harmonisches Gleichgewicht zu schaffen. Ein Mazerat aus Beifußblättern eignet sich hervorragend, um damit den Bauch zu massieren.

Mondöl

DU BRAUCHST:

- *200 ml Trägeröl (Mandel- oder Jojobaöl)*
- *2 EL getrocknete Beifußblätter*
- *5 Tropfen ätherisches Lavendelöl*
- *3 Tropfen ätherisches Muskatellersalbeiöl*
- *3 Tropfen ätherisches Rosenöl*

Beginne, indem du das Trägeröl in ein braunes Schraubglas gießt, dann die getrockneten Beifußblätter hinzugibst und den Behälter fest verschließt. Bewahre den Ansatz an einem dunklen Ort auf und lass das Mazerat aus Beifuß und Öl zwei bis vier Wochen ungestört ziehen. Schüttle das Glas alle zwei bis drei Tage vorsichtig, um die Inhaltsstoffe des Beifußes noch besser herauszulösen. Nach der Ruhezeit gießt du das Öl durch ein feines Sieb oder ein Filterpapier, um das Pflanzenmaterial zu entfernen. Gib anschließend die ätherischen Lavendel-, Muskatellersalbei- und Rosenöle in das gefilterte Beifußöl. Gründlich schütteln, um eine gute Vermischung der Inhaltsstoffe zu erzielen. Bewahre dein Mondöl in einem Braunglas an einem kühlen, dunklen Platz auf.

VERWENDUNG

Gieße eine kleine Menge des Öls in deine Handmulde und erwärme es zwischen deinen Händen. Massiere deinen Bauch sanft mit im Uhrzeigersinn kreisenden Bewegungen, wobei du dich auf den Unterbauch unterhalb des Nabels konzentrierst. Achte während der Massage auf einen tiefen und entspannten Atem, wobei du dich auf das positive Empfinden und das visualisierte Gleichgewicht in deinem Bauch fokussierst. Du kannst die Massage ein- oder zweimal täglich wiederholen, abhängig von deinen Bedürfnissen und den Symptomen, die du bekämpfen willst.

GROSSE BRENNNESSEL

– Urtica dioica –

Auch wenn Brennnesseln eher bescheiden scheinen, dank ihrer Wirksamkeit gehören sie dennoch zu den mächtigsten Wildpflanzen. Sie wachsen gerne im Saumbereich von Wäldern, und solange man sie nicht streift, bemerkt man sie nur wenig. Doch kaum kommt man mit ihnen in Berührung, offenbaren sie ihr wahres Wesen. Sie setzen ihre berühmten Reizmittel frei und erinnern uns daran, dass jeder einzigartig ist, auch wenn es auf den ersten Blick nicht so scheint. Sie unterstützen den Eisenstoffwechsel, indem sie positiv auf Ferritin, den Speicherstoff für Eisen, einwirken. Deshalb reinigt Brennnessel das Blut und regeneriert es. Außerdem wirkt sie blutbildend, erhöht die Bildung roter Blutzellen im Rückenmark und verbessert die Durchblutung. Ihre Verbindung mit Blut rückt sie in die Nähe von Mars, und sie kann daher aus magischer Perspektive in Ritualen im Zusammenhang mit Schutz, Kraft und Vitalität eine Rolle spielen. Brennnessel kann ein Bestandteil von schützenden Amuletten und Tränken beziehungsweise von Räucherwerk sein, die Leidenschaft und Lebenskraft fördern.

WACHOLDER

– Juniperus –

Wacholder ist der Hüter des Unterholzes, eine Schwellenpflanze zwischen dieser Welt und dem Jenseits. Er beschützt das Feen- und Elfenvolk. Er hat nadelspitze Blätter und Beeren, deren Farbspektrum von Grün bis Dunkelblau reicht, wobei reife und unreife Früchte beieinanderstehen. Der Volksglaube verbindet mit dem Wacholder schützende Eigenschaften. Ein Haus kann mit einem Wacholderzweig über der Tür oder über den Fenstern beziehungsweise mit auf der Schwelle verteilten Nadeln vor bösen Geistern beschützt werden. Wenn es verbrannt wird, entströmt dem Holz ein angenehmer Duft und reinigt die Luft. Die Beeren werden als Gewürz verwendet und verleihen vor allem Fleisch- und Gulaschgerichten eine unverwechselbare Note. In der Kräuterheilkunde macht man sich die harntreibenden, verdauungsfördernden und entzündungshemmenden Eigenschaften zunutze. Die Beeren werden als Schmuck genutzt sowie in Kräutertees oder Auszügen, die entwässern und Magen-Darm-Beschwerden lindern. Warnung: Nicht in der Schwangerschaft, in der Stillzeit oder bei Nierenproblemen verwenden.

AN DER KÜSTE

Die Küste ist eine besondere Region, die das ganze Jahr lang bezaubert, auch wenn die meisten Menschen sie vor allem im Sommer besuchen. Ein Spaziergang am Strand – das Licht in den Augen und den Blick auf den fernen Horizont gerichtet – hat etwas Magisches. Du kannst dich von der Schönheit durchdringen lassen und sie mit jedem deiner Schritte in dir widerhallen spüren, als Einladung, das Geheimnis und die verborgenen Schätze der Wellen zu entdecken. Die Küste ist eine durch und durch sinnliche Erfahrung; der feine Sand, sengend heiß und trocken oder nass und kühl; der salzige Duft von Muscheln, die du in den Wellen findest; die Liebkosung einer aufgesammelten weichen Möwenfeder; die Strohblumenpflanzen, deren Blüten man nur ein wenig reiben muss, um den unverwechselbaren Duft nach Lakritze und Sommer freizusetzen. Die Pflanzen, die am Ufersaum wachsen, wirken berauschend und führen dich unmittelbar zurück in die Sommer deiner Kindheit. Die Erinnerung ist ein Teil des Küstenstrichs, ebenso wie die Freude darüber, dass es uns freisteht, einfach und spontan in Kontakt mit der Großartigkeit der Natur zu treten. Hier herrschen Offenheit und unendliche Möglichkeiten. Und hier, im Anblick der gewaltigen See, öffnet sich unser Herz der Unendlichkeit. Seit Urzeiten bewahrt das Meer seine Geheimnisse: vor hunderten von Jahren gesunkene Piratengaleonen, magische Pflanzen, die nur unter Wasser wachsen, und Seejungfrauen mit schillernden Schwänzen, entdeckt von überraschten Beobachtern. Oft leben Hexen direkt am Meer, in Holzhäusern mit Blick über den Strand. In der Tür hängt ein Traumfänger aus Muscheln, die in der Brise leicht klimpern und dich einladen, einzutreten.

DIE SIRENENHEXE

Da ist sie und wartet auf dich in ihrem Holzhaus mit Blick auf das Meer. Ihre Haare sind lang, fließend wie braune Meeresalgen und erinnern an Wellen. Ihr Haus duftet nach wildem Fenchel und Rosmarin. An der Schwelle begrüßen zahllose Sukkulenten die Passanten und jene, die um Rat suchen oder dem Sonnenuntergang nachsinnen.

Die Sirenenhexe behütet die See und ihre Kreaturen. Sie weiß, dass alles eins ist und dass die Meeresumwelt ein sensibles Ökosystem darstellt, welches man beschützen muss. Sie fühlt sich zutiefst verbunden mit der ursprünglichen Macht des Wassers, das sie mit einzigartiger magischer Energie versorgt.

Sie lebt in einer Symbiose mit der See und ihren Tiefen. Durch ihre Verbundenheit mit dem Wasser vermag die Sirenenhexe die Geheimnisse dieses Elements, seinen Energiefluss, zu erkunden und ihn für ihre Zwecke zu kanalisieren.

Intuitiv erfasst sie die Macht der Wellen, die geheimnisvolle Energie von Meeresströmungen und die tiefe Ruhe stillen Wassers. Sie weiß das nasse Element als Symbol des Lebens und der Erneuerung zu schätzen. Es ist fähig, zu erschaffen und zu zerstören, zu heilen und zu reinigen.

Mit Meerespflanzen vermag die Sirenenhexe Menschen zur Genesung zu führen, die entweder an ihrer Seele oder am Herzen verwundet sind. Zugleich kann sie die Macht der Seestürme wecken, die Wellen zum Schutz der Küste in Stellung bringen und diejenigen vertreiben, die das Gleichgewicht der Ozeane bedrohen.

Vielleicht war sie früher einmal eine Meerjungfrau. Ihre Stimme klingt befremdlich und geheimnisvoll. Sie verfügt über die Macht, Meereswellen zu regulieren und mit ihren Bewohnern zu kommunizieren. Ihr Lied ist Anrufung und Gebet zugleich. In ihm hallt ihre natürliche Macht wider und sie trifft dich damit mitten ins Herz. In ihrem kleinen Haus stößt du auf zahlreiche magische Objekte. Da gibt es außerordentlich seltene, glänzende Perlen wie Wassertropfen, die sie als Anhänger verwendet, um mit ihnen Glück und Schutz zu schaffen. Du findest kostbare Edelsteine, in denen die Essenz der See gespeichert ist. Zauberhafte Muscheln, die Schätzen gleich Geschichten vom Meer bewahren, als seien sie Schlüssel zu anderen Welten, schmücken die Behausung der Sirenenhexe. Ihre Kostbarkeiten bewahrt sie in Samtsäckchen oder in geschnitzten Holzkistchen auf, die ihre unbezahlbaren Geheimnisse sorgfältig beschützen. Als allein lebende Hexe hängt sie sehr an Tieren, vor allem an jenen, die im Meer leben. So kann sie etwa mit Delfinen kommunizieren, die ihr Botschaften aus den Tiefen der Ozeane übermitteln und sie auf ihren Reisen zwischen den Welten anleiten.

Doch die größte Macht dieser Hexe ist ihr Mitgefühl. Manche schwören, dass sie sie im Zwielicht aus dem Wasser haben steigen sehen, verwandelt in eine Sirene mit einem schimmernden Fischschwanz, die hinabtaucht in das tiefe Herz der See.

ITALIENISCHE STROHBLUMEN

– HELICHRYSUM ITALICUM –

In Strohblumen wohnt die Seele des Sommers. Du findest die Pflanze im Mittelmeerraum in der Nähe des Strandes im Sonnenlicht, von dem sie sich nährt. Man erkennt sie an ihren silbrigen Blättern und gelben Blüten, die dicht gedrängt am Ende des Stängels sitzen. Strohblumen eignen sich ideal für Trockensträuße und werden auch Immortellen, Unsterbliche genannt. Ihr unverkennbarer Lakritzduft weckt die Vorstellung von Meer und das Gefühl von Sand zwischen den Fingern. Die Blüten sind reich an ätherischen Ölen mit entzündungshemmenden, heilenden und beruhigenden Merkmalen. In der Pflanzenheilkunde wird ihnen eine Beschleunigung der Hautheilung zugeschrieben, die Eindämmung von Entzündungen und damit auch eine schnellere Regeneration. Strohblumen sind ein Symbol für Treue, Langlebigkeit und bleibende Erinnerungen. Ihr lateinischer Name *Helichrysum* ist abgeleitet von Griechisch *helios* (Sonne) und *chrysos* (Gold) und bezieht sich auf ihre goldene Farbenpracht und ihre Rolle als Lichtträgerinnen.

– KOSMETISCHE VERWENDUNG –

Weil Strohblumen beruhigend wirken, eignen sie sich besonders für empfindliche, gereizte oder gerötete Haut. Ein Strohblumen-Oleolit bringt beispielsweise Hautentzündungen, Ekzeme und Sonnenbrand zur Ruhe. Es enthält Antioxidantien und aktive Verbindungen, die der sichtbaren Hautalterung entgegenwirken, Falten glätten und die Hautelastizität verbessern. Auch den Haaren hilft die Strohblume. Sie stärkt die Haarspitzen und verleiht ihnen mehr Glanz. Hierzu kann man Produkte auf Strohblumenbasis verwenden, wie zum Beispiel Öle, Cremes, Lotionen oder Seren. Aber auch die Herstellung eines eigenen Strohblumen-Oleolits ist möglich.

Strohblumen-Oleolit

DU BRAUCHST:

- *1 Handvoll frische Strohblumenblätter und -blüten*
- *200 ml Trägeröl (Sonnenblumen- oder Olivenöl)*

Sammle oder kaufe frische Strohblumenblätter und -blüten. Achte beim Sammeln darauf, dass die Pflanzen an Orten stehen, wo keine Pestizide oder andere Chemikalien verwendet werden. Fülle die Strohblumen in ein sauberes, trockenes Schraubglas und übergieße sie mit dem von dir ausgewählten Trägeröl, bis sie vollständig bedeckt sind. Verschließe das Glas mit Mull und einem Gummiband, dann schwenke es vorsichtig, um Öl und Pflanzenbestandteile zu vermischen. Stell es an einen sonnigen Platz und lass dein Oleolit vier bis sechs Wochen ziehen. Nach Ablauf der Frist gießt du das Gemisch durch ein Sieb und füllst das Oleolit in ein Braunglas. Du kannst es nun als Körper- oder Massageöl verwenden. Trage kleine Mengen auf deine Haut oder deine Haare auf und massiere mit zarten Bewegungen, bis das Öl aufgenommen ist.

GEWÜRZFENCHEL

– FOENICULUM VULGARE VAR. DULCE –

Wilder Gewürzfenchel wird seit der Antike als Arznei gegen eine Vielzahl von Leiden verwendet. Tatsächlich ist das Gewächs mit seinen Samen von großer Bedeutung in der Pflanzenheilkunde. Es gedeiht gut an sonnigen, unbeschatteten Plätzen. Fenchel ist an seinen haarförmig geschlitzten Blättern und an den Schirmen gleichenden Doldenblüten leicht zu erkennen. Falls du im Zweifel bist, musst du nur ihre Blätter zwischen den Fingern verreiben und erhältst den charakteristischen Duft nach Anis und wilden Kräutern. Fenchelsamen unterstützen den Magen-Darm-Trakt und ein aus ihnen zubereiteter Tee wirkt gegen Blähungen und verdauungsfördernd. Traditionell wird Fenchel auch bei Menstruationsbeschwerden in Form von Krämpfen und Brustschmerzen angewandt. Im Mittelalter galt er als Schutzpflanze und wurde deshalb über Türen befestigt, um böse Geister abzuwehren. Fenchelsamen in Türschlössern sollten das Zuhause vor Ungemach schützen.

– KULINARISCHE VERWENDUNG –

Wegen seines frischen Aromas kann Fenchel in vielen Gerichten zum Einsatz kommen. Die Blüten sorgen für Farbe und die Blätter schmecken in Suppen. Klein geschnittener Gewürzfenchel passt zu rohem oder gekochtem Gemüse und bereichert es um eine zusätzliche Geschmacksnote. Gehackter wilder Fenchel würzt Bratkartoffeln, gegrilltes Gemüse, Hummus oder andere Zubereitungen auf Gemüsebasis. Aus den Blättern lässt sich zusammen mit Knoblauch, Pinienkernen oder Mandeln und ein wenig Zitronensaft und Salz ein ausgezeichnetes Pesto zubereiten, das auf einer Sommerpasta und auf Toastbrot lecker schmeckt.

Risotto mit Gewürzfenchel und Zitrone

DU BRAUCHST:

- *100 g Arborio-Reis (oder anderen Risottoreis)*
- *1 gewürfelte Zwiebel*
- *220 ml Gemüsebrühe*
- *100 ml trockenen Weißwein*
- *1 Büschel Gewürzfenchel, Blätter und Stängel getrennt und fein gehackt*
- *Abrieb 1 Bio-Zitrone*
- *Saft 1 Zitrone*
- *natives Olivenöl extra*
- *Salz und Pfeffer nach Geschmack*

Erhitze Olivenöl in einer Pfanne und gib die gewürfelte Zwiebel hinzu. Dünste auf mittlerer Hitze, bis sie glasig wird. Füge den Reis hinzu und röste ihn unter ständigem Rühren für 1–2 Minuten. Lösche mit dem Weißwein ab und rühre immer wieder, bis er verdunstet ist, dann gieß etwas Gemüsebrühe nach. Weiter rühren. Nach etwa 10 Minuten kommt der Gewürzfenchel mit wiederum etwas Gemüsebrühe in die Pfanne. Rühren und Gemüsebrühe zugeben, bis der Reis *al dente* ist und die gewünschte cremige Konsistenz hat. Würze mit Salz und Pfeffer, stell den Herd aus und ergänze die abgeriebene Zitronenschale und den Zitronensaft. Rühre den Risotto gut um. Lass ihn zugedeckt ein paar Minuten ziehen und serviere ihn dann verziert mit gehackten Fenchelblättern.

EUROPÄISCHER QUELLER

— SALICORNIA EUROPAEA —

Der auch als Meeresspargel bezeichnete Europäische Queller ist eine Sukkulente, die auf salzigem Boden wächst. Er verfügt über pflanzliches Eiweiß, Ballaststoffe und Mineralien in großen Mengen und weist zahlreiche segensreiche, entwässernde und entgiftende Vorzüge auf. Wegen seines intensiven Geschmacks passt er zu vielen Rezepten, insbesondere zu Fisch, Schalentieren und Mollusken. Vor der Verarbeitung sollte der Meeresspargel jedoch mindestens 6–8 Stunden in Wasser eingeweicht werden, um ihm das Salz zu entziehen. Er wächst am Küstenstreifen oder in Meerwassertümpeln sowie in Verlandungszonen auf Schlick- oder Sandböden. Queller bildet kleine Büsche von bis zu 40 Zentimetern Höhe aus. Das Stämmchen ist aufrecht, dickfleischig und verzweigt. Die Blätter ähneln selbst Stämmchen. Die Pflanze ist reich an Mineralstoffen und Protein und damit ein ausgezeichnetes Sommernahrungsmittel. Aus der magischen Perspektive ist sie wegen ihres hohen Salzgehalts eine Schutzpflanze, die Negativität vertreibt und Glück mit sich bringt.

BLASENTANG

– Fucus vesiculosus –

Blasentang ist eine Braunalge, die den Stoffwechsel aktiviert und auch als Meereseiche bekannt ist. Der Wuchsform nach gleicht er Eichenblättern, daher sein Trivialname. Blasentang wurde früher als Rotfärbemittel genutzt und man glaubte, dass er auch für die Blutbildung förderlich sei. Verbreitet ist Blasentang an den Küsten des Atlantiks und der Nordsee. Weil er viel Jod und andere Mikronährstoffe enthält, wurde er zur Aktivierung der Schilddrüse genutzt. Die von dieser Drüse hergestellten Hormone treiben den Stoffwechsel an und sorgen für Ausgleich im Fettsyntheseprozess. Folglich ist Blasentang hilfreich bei einer Unterfunktion der Schilddrüse. Doch sollte die Einnahme unter ärztlicher Aufsicht erfolgen, insbesondere dann, wenn bereits Schilddrüsenmedikamente eingenommen werden. Aus der magischen Perspektive wird Blasentang mit Problemlösung assoziiert, da er Aktionsschnelligkeit fördert und die Fähigkeit, originelle Lösungen in festgefahrenen Situationen zu finden.

GEMEINE MYRTE

– MYRTUS COMMUNIS –

Die Gemeine Myrte ist eine der Göttin Aphrodite geweihte magische Pflanze, die vor allem im Mittelmeerraum heimisch ist. Sie hat ovale, leicht längliche Blätter von wunderbar glänzender dunkelgrüner Färbung. Doch das eigentlich kennzeichnende Merkmal der Pflanze sind ihre kleinen, runden Beeren, deren starker Duft an Eukalyptus und Zitrone erinnert. Da sie verdauungsfördernd wirken, werden sie traditionell zu einem Likör verarbeitet, den man nach dem Essen reicht. Aufgrund ihrer antioxidativen und antibakteriellen Wirkung empfiehlt Gemeine Myrte sich für die Behandlungen von Haut und Atemwegen sowie für den Kampf gegen Husten, Erkältungen und Nebenhöhleninfektionen. In der Kosmetik kommt Myrte bei der Therapie von empfindlicher und zu Akne neigender Haut zum Einsatz. Aus der magischen Perspektive symbolisiert die Pflanze Liebe, Schönheit und Fruchtbarkeit, und ihre Blüten, die den Sternen über dem Meer im Sommer gleichen, werden gerne in Liebesritualen verwendet.

– MAGISCHE VERWENDUNG –

Myrte kann in magischen Praktiken genutzt werden, um Liebe, Schutz und Gedeihen anzuziehen. Für einen Liebeszauber legt man frisch gepflückte Myrtenzweige unter das Kopfkissen oder in ein kleines Säckchen. Diese einfache Geste soll Liebe anziehen oder eine bestehende Beziehung wieder anfachen. Oder aber du stellst einen Talisman beziehungsweise ein Amulett aus verflochtenen Myrtenzweigen her. Befestige das mächtige Symbol des Schutzes über deiner Eingangstür oder trage es als Schmuck, um dich mit einem Energiefeld zu sichern, negative Energie von dir abprallen zu lassen und nur den richtigen Menschen Zugang zu deinem Leben zu gewähren.

Wie ein Sommerstern: Ein Ritual mit Myrte

Begib dich an einen ruhigen, abgeschiedenen Platz, wo du dich konzentrieren kannst und ungestört bleibst. Besorge dir einige Myrtenzweige und schaffe einen geheiligten Ort, indem du eine Kerze anzündest beziehungsweise einen Kristall oder einen dir lieben Gegenstand vor dich stellst. Atme tief, nimm die Myrtenzweige in deine Hände und richte deine Intention auf das, was du in dein Leben holen willst, sei es Liebe, Schutz oder irgendeine andere Form von positiver Energie. Sprich Gebete oder Affirmationen, die dir etwas bedeuten, wie etwa: ***Durch die Macht der Myrte bereichere ich mein Dasein um Liebe und Sicherheit. So möge es sein!*** Stell dir ein strahlendes grünes Licht vor, das dich in ein Energiefeld aus Liebe und Schutz einhüllt. Nun, da die Myrte gesegnet und mit positiver Energie aufgeladen ist, hast du die Möglichkeit, sie auf jede gewünschte Weise zum Einsatz zu bringen: Du kannst einen Kranz flechten, die Zweige über deine Eingangstür hängen oder sogar einen Zauberstab beziehungsweise eine kleine Pflanzenskulptur daraus binden.

KAKTUSFEIGE

– Opuntia ficus-indica –

Die Kaktusfeige ist eine besondere und leicht wiedererkennbare Pflanze. Sie kann bis zu 5 Meter hoch werden und hat keine echten Blätter, sondern dicke, fleischige, ovale Triebabschnitte, die wie Blätter Fotosynthese betreiben. An ihrem Ende sitzen spitze Dornen von 1–2 Zentimetern Länge. Die Pflanze ist sehr kreativ darin, sich an ein trockenes Klima anzupassen. Aus den Blüten bilden sich fleischige Früchte, die reich sind an Kalzium, Phosphor und Vitamin C. Man kann sie roh essen oder Gelee, Saft, Likör und Sirup aus ihnen zubereiten. Sie wirken antioxidativ und harntreibend, heilen, beruhigen und reduzieren die Symptome von zu großem Alkoholgenuss. Aus magischer Perspektive symbolisiert die Pflanze Anpassungsfähigkeit und fordert dich auf, auch unter schwierigen Bedingungen dein ganzes Potenzial einzusetzen.

GIFTIGE PFLANZEN

Giftige Pflanzen üben von jeher eine große Faszination auf uns Menschen aus. Ihre Farben, die Form ihrer Blüten und Früchte, sind oft ungewöhnlich und wunderschön wie zum Beispiel der rote Samenmantel der Eibe oder die glänzenden Beeren des Nachtschattens. Sie wirken anziehend und verlockend. Und dann ist da noch ihre psychoaktive Wirkung, die giftige Pflanzen trotz ihrer Gefährlichkeit zu einem bleibenden Symbol der magischen Dimension und für die Erweiterung des Bewusstseins gemacht haben. In alten Traditionen wurden giftige Pflanzen von Schamanen und Hexen genutzt, um Trancezustände zu erreichen, Reisen zwischen den Welten zu ermöglichen oder um Visionen und tiefgreifende Einsichten zu bewirken. Sie werden in Verbindung gebracht mit Macht, dem Mysteriösen und der Gefahr, können aber auch geheimes Wissen, Transformation und den Zugang zu verborgenen Welten symbolisieren. Ihre Dualität – einerseits dunkel und tödlich, andererseits magisch und maßgeblich – hat viele Märchentraditionen inspiriert, die auch heute noch Anziehungskraft haben. In der praktischen Magie finden sie noch immer Verwendung – mit gewachsener Vorsicht beim Umgang mit ihnen. Heute werden neue und subtilere Zugänge zu ihrer Energie erforscht. Es ist wichtig zu betonen, dass keine der giftigen Pflanzen, die in diesem Kapitel beschrieben werden, zum Verzehr geeignet ist oder auch nur mit der Haut in Berührung kommen sollte (es wird dringend davon abgeraten, mit ihnen Salben, Öle, Tees oder Mazerate zuzubereiten). Viele der Gewächse enthalten wirkungsvolle Gifte, die schlimme Folgen haben können. Sich der Welt giftiger Pflanzen zu nähern bedeutet, die Lehren von Mutter Erde zu akzeptieren, etwas über Grenzen und Selbstschutz zu erfahren und Respekt und Fürsorge für das Pflanzenreich zu mobilisieren, insbesondere dann, wenn die Pflanzen, mit denen wir es zu tun haben, so mächtig und heilig sind wie die giftigen.

DIE SCHAMANENHEXE

Die Schamanenhexe lebt am Waldesrand. Sie bewohnt die Grenze, den Ort, an dem das Sichtbare mit dem Unsichtbaren verflochten ist, wo Heilung durch Geschichten erfolgt und das Geschichtenerzählen wahr wird.
Sie näht und stickt, hört und heilt, weiß, welche Magie zu den Wegen in die Anderswelt führt.

Sie studiert Kräuter und kennt ihre Stimmen, wendet sich an sie, um Rat und um Führung zu erhalten, und nutzt sie zusammen mit subtiler Heilenergie. Sie ist eine Hexe von Erde und Himmel. Sie ist vertraut mit Wurzeln, Mineralien, duftenden Blüten und Blättern, und sie weiß, wie man in der Geistwelt und in Träumen reist. Ihr ist klar, dass magische Kraft in jedem einzelnen Wesen wohnt und in der Verbindung mit der ungesehenen Welt.

Sie nutzt Rituale, Zauber und heilige Praktiken, um in die Reiche des Unsichtbaren zu gelangen, wo sie mit den Geistern der Natur, der Ahnen und der Tiere interagiert. Sie ist eine Brücke zwischen den sichtbaren und den unsichtbaren Welten. Sie nimmt Dualität an und begreift die Verbundenheit aller Dinge miteinander.

Die Schamanenhexe wechselt mithilfe von schamanischem Reisen – eine Methode, die das Bewusstsein verändert – zwischen den Welten hin und her. Auf diese Weise vermag sie mit Geistern zu kommunizieren, Visionen oder Botschaften zu empfangen und tiefgreifendes Wissen zu erlangen. Sie bedient sich besonderer Techniken, um eine Reise zu unternehmen und einen veränderten Bewusstseinszustand zu erreichen: Trommeln, Tanzen, rhythmisches Atmen, Chanten oder die Verwendung von Substanzen bestimmter heiliger Pflanzen.

Durch ihr Reisen in andere Welten versucht sie, für sich und die Gemeinschaften um sie herum Gleichgewicht, Harmonie und Heilung zu schaffen.

Sie arbeitet für das allgemeine Gute, sucht die Wunden der Seele zu heilen und Ausgeglichenheit zwischen den Menschen und der Natur wiederherzustellen. Deshalb lebt sie am Rand, wo von alters her jedes Initiationsritual vollzogen wird. Die Übergangsriten der Jahreszeiten und die der Lebensalter werden hier gefeiert. Mit diesen Festen werden die natürlichen Kreisläufe und die Übergänge der Jahreszeiten geehrt. An Frühlings- und Herbsttagundnachtgleiche sowie zur Winter- und Sommersonnenwende werden Rituale gefeiert, die in manchen Traditionen als Sabbate bezeichnet werden.

Am Sabbat verbindet sich die Schamanenhexe mit der einzigartigen Energie der betreffenden Jahreszeit und ehrt in Harmonie mit der Natur Wachstum, Fülle, Wiedergeburt und das Abbild derselben in jeder Jahreszeit.

Gleiches gilt für die wichtigen Übergänge im Leben: Jugend, Erwachsenenalter, Alter, Tod. Hier, auf der Schwelle, werden Leben und Tod gefeiert. Die Grenze wird zu einem Ort der Macht, von wo aus es möglich ist, die Mitte im globalen Zusammenhang inklusive aller Komplexität und aller Ressourcen zu sehen. Die Schamanenhexe ist eine Reisende zwischen den Welten. Zugleich ist sie diejenige, deren Gespür für das Menschsein am stärksten ist: Sie führt und inspiriert und zeigt uns den Weg durch den Wald.

GEMEINE ALRAUNE

– MANDRAGORA OFFICINARUM –

Die menschenähnliche Wurzel der Gemeinen Alraune wird in Shakespeares *Romeo und Julia* erwähnt und in den Kräuterkundestunden der *Harry-Potter*-Reihe. Die Alraune ist mächtig, faszinierend und äußerst giftig. Sie hat ausladende ovale Blätter und bringt lilafarbene oder weiße Blüten hervor. Ihr hervorstechendstes Merkmal ist die große, fleischige Pfahlwurzel, die sich häufig in zwei oder mehr Teile spaltet und so der menschlichen Gestalt ähnelt. Der Legende zufolge darf man die Alraune nicht aus dem Boden ziehen, da sie sonst zu schreien beginnt, was zum Wahnsinn führen kann. Wegen der Gestalt ihrer Wurzel wurde die Alraune mit Fruchtbarkeit und der Göttin Aphrodite in Zusammenhang gebracht. Man glaubte, das Gewächs sei ein Geschenk der Götter und helfe Paaren, schwanger zu werden, wenn sie ein Stück der Wurzel bei sich tragen. Jeder Teil der Pflanze ist giftig und von jeglichem Gebrauch wird dringend abgeraten.

SCHWARZES BILSENKRAUT

– Hyoscyamus niger –

Das Schwarze Bilsenkraut gehört mit Tabak, Alraune, Nachtschatten, Pfeffer und Kartoffel in die Familie der Nachtschattengewächse. Es blüht im Spätsommer mit gelben, von violetten Venen durchzogenen Blüten. Das Kraut produziert büchsenförmige Früchte, deren Kapseln bohnenförmige braune Samen enthalten. Die Pflanze verströmt einen intensiven und unverkennbaren Geruch, den man zugleich als süß und sauer empfindet. Früher kam Bilsenkraut mit magischer oder spiritueller Zielsetzung zum Einsatz. Die in dem Gewächs enthaltenen Giftstoffe empfahlen es für die Einleitung von Visionen und Trancezuständen im Rahmen der schamanischen Praxis; Alkaloide wirken auf das zentrale Nervensystem und verursachen Halluzinationen und Delirium. Wie andere psychoaktive Pflanzen und Pilze verwendete man Bilsenkraut zur Herbeiführung von Prophezeiungen sowie für magische und religiöse Zwecke; deshalb wird es verbunden mit den Fähigkeiten, weiter zu blicken sowie Vorstellungen und Visionen von der Zukunft zu entwickeln.

SCHWARZE TOLLKIRSCHE

– Atropa belladonna –

Ihr Gattungsname Atropa ist auf Atropos zurückzuführen, eine der drei Schicksalsgöttinnen. In der Mythologie schneidet sie den Lebensfaden durch, ein Hinweis auf die Letalität der Pflanze. Der Zusatz *belladonna* scheint durch die pupillenvergrößernde Wirkung des enthaltenen Atropins erklärbar; Frauen träufelten sich ihren Saft in die Augen, um einen romantischeren Blick zu bewirken. Atropin wurde als Augenwasser genutzt und wird noch heute in der Augenheilkunde verwendet, um die Pupillen zu weiten. Die anderen beiden Alkaloide, Scopolamin und Hyoscyamin, können betäubend, halluzinogen und toxisch auf das zentrale Nervensystem wirken. Es heißt, Tollkirsche sei in der Flugsalbe enthalten, mit der Hexen sich an den Sabbaten massieren und auf die Halluzinationen und das Gefühl zu fliegen zurückzuführen sind. Die Pflanze wird assoziiert mit der Fähigkeit, klar zu sehen, etwa, wenn uns verzehrende Liebe erfasst. Sie fordert uns auf, in der Wirklichkeit verwurzelt zu bleiben und uns den Blick nicht von unseren inneren Visionen verstellen zu lassen.

FLIEGENPILZ

– AMANITA MUSCARIA –

Der Fliegenpilz ist zu einer Ikone dessen geworden, was die Allgemeinheit mit der Welt von Magie, Fantasie und Elfenreichen in Verbindung bringt. Er ist in mehreren schamanischen Traditionen von Bedeutung, insbesondere in Sibirien. Sibirische Schamanen essen die Pilze, um ihren Bewusstseinszustand zu verändern und die Kontaktaufnahme mit der Geisterwelt zu ermöglichen. Aufgenommen wird der Pilz entweder als Tee oder erst getrocknet und dann geschluckt oder gekaut. Die psychoaktive Substanz des Pilzes kann Ekstasezustände und Halluzinationen auslösen und die Kontaktaufnahme mit der spirituellen Welt ermöglichen. Zu den Wirkweisen gehören Euphorie und Glücksgefühle bis hin zu dem Empfinden einer tiefen Verbundenheit mit der Natur. Die Pilze bewirken außerdem Makropsie beziehungsweise Mikropsie, ein Phänomen, das die Umgebung entweder viel kleiner oder viel größer scheinen lässt, als sie es tatsächlich ist, was beispielsweise Lewis Carroll in *Alice im Wunderland* beschreibt. Da Fliegenpilz aber giftig ist, wird von der Einnahme in jeder Form abgeraten.

GEFLECKTER SCHIERLING

– Conium maculatum –

Schierling ist gemeinsam mit Petersilie, Dill und Koriander ein Mitglied der Doldenblütlerfamilie. Folglich ist es besonders wichtig, ihn sicher erkennen zu können. Wenn man Pflanzen aus dieser Familie sammelt, ist es immer ratsam, diese noch einmal von einer botanisch bewanderten Person kontrollieren zu lassen. Die Stängel des Schierlings sind längs gerippt und rot gefleckt. Außerdem hat er einen stechenden, unangenehmen Geruch. Geschichtlich betrachtet ist das Kraut eng mit dem griechischen Philosophen Sokrates verbunden, der zum Tod durch den Schierlingsbecher verurteilt wurde. Der Schuldspruch war die Strafe dafür, dass er die Überzeugungen und Autoritäten im antiken Athen infrage gestellt hatte. In diesem Zusammenhang ist Schierling das symbolische Instrument der Macht, um freies Denken und freien Selbstausdruck niederzuhalten. Aus der magischen Perspektive hingegen wird Schierling mit der Fähigkeit assoziiert, verborgene Wahrheit zu offenbaren oder Heuchelei ans Licht zu bringen.

EUROPÄISCHE EIBE

– TAXUS BACCATA –

Die Europäische Eibe ist ein immergrüner Baum, der eine monumentale Wuchshöhe erreichen kann. Sein Stamm ist gedrungen, der Anblick der dunkelgrünen Nadeln erfreut im Winter ebenso wie die tiefroten becherförmigen Samenmäntel. In Shakespeares *Hamlet* wird Hamlets schlafendem Vater ein Gift aus Eibe ins Ohr geträufelt, was ihn tötet. Der heilige Baum der Hekate, der Göttin der Magie und der Dunkelheit, präsentiert uns Leben und Tod als zwei Seiten einer Medaille. Bei den Eleusinischen Mysterienfeiern trugen die Priesterinnen und Priester eine Krone aus Eiben als Symbol für Tod und Unsterblichkeit und für die Weisheit, die aus beidem erwächst. In Rom schmückte man schwarze Stiere, die als Opfergabe für Hekate dienten, mit Eibenzweigen. Diese alten Riten vereinen Leben und Tod und offenbaren so die tiefe Weisheit, die zugänglich wird, wenn man beides akzeptiert. Auch bei dieser Pflanze ist angesichts ihrer hohen Giftigkeit Vorsicht angeraten.

WIE MAN MIT GIFTPFLANZEN HANTIERT

In der magischen Praxis finden giftige Pflanzen häufig Verwendung, insbesondere auf dem sogenannten „Weg der Gifte“. Die Berührung mit dem Gewächs ist dabei von Respekt, Innigkeit und Bewusstsein getragen. Der erste Schritt auf dem „Weg“ besteht aus Recherche und gründlichem Studieren der Pflanzen, die zur Anwendung kommen sollen.

Es ist entscheidend, die chemischen Eigenschaften, symbolischen und kulturellen Zuordnungen des Gewächses zu kennen, bevor man es nutzt.

Wer sich intensiv mit Pflanzen, insbesondere mit giftigen, beschäftigen will, kann am Anfang Meditation zu Hilfe nehmen. Such dir einen ruhigen Platz. Wenn du Glück hast und einen bei einem Spaziergang findest, kannst du gleich dort beginnen. Nimm dir ein paar Augenblicke, um deine Gefühle aufzuspüren und zu entschleunigen. Atme tief und stell dir im Geist die Giftpflanze vor, mit der du arbeiten willst.
Versuche, deinen Geist zu entspannen, und gestatte es der Pflanze, sich dir zu öffnen und dir ihre Botschaft mitzuteilen; oder setz dich einfach hin, lausche und lass dich ein auf die Beziehung zwischen dir und dem gewählten Gewächs. Wenn es dir passend erscheint, kannst du ihm in der Meditation eine Frage stellen und dann dein Herz öffnen, um die Information oder die

Erkenntnisse, die es zu bieten hat, in Empfang zu nehmen. Es ist wichtig, offen und respektvoll zu bleiben und es der Pflanze zu gestatten, dass sie dich führt und unterweist. Als Abschluss deiner Meditation kannst du dem Gewächs ein „Opfer" wie Wasser, frische Blumen oder etwas, von dem du meinst, dass sie es wünscht, darbringen. Dabei spielt es keine Rolle, ob die Pflanze real vorhanden ist oder ob du sie dir nur vorgestellt hast.

Eine weitere Verfahrensweise beim Umgang mit Giftpflanzen ist die Beobachtung. Aus einfachem Betrachten, Zeichnen und Fotografieren beziehen wir Inspiration für den Tag. Beispielsweise könnte die Farbkombination uns in der Auswahl unserer Kleidung beeinflussen oder bei der Arbeit an einem Projekt; oder wir fühlen uns zu künstlerischem Erkunden und zum Experimentieren mit verschiedenen Maltechniken veranlasst, um mancherlei Formen und Farben auf Papier zu bringen, auch wenn wir gar nicht wirklich malen können.

Die Kommunikation mit Giftpflanzen verlangt Geduld und Offenheit, damit ihre Weisheit Zugang zu unserem Leben erhält und unser magisches Tun bereichert.

GESCHICHTEN VOM „WEG DER GIFTE“

Giftpflanzen, ganz besonders die in diesem Kapitel aufgeführten berühmten, erwecken Mythen und Legenden zum Leben, faszinierende Geschichten, die auf dem Weg widerhallen.

Tollkirsche ebenso wie Bilsenkraut, Alraune und Stechapfel sind Bestandteile der Flugsalbe einer Hexe. Im Jahr 1960 bestrich sich Will-Erich Peuckert, damals Inhaber des Lehrstuhls für Volkskunde an der Universität Göttingen, am ganzen Körper mit einer Paste aus Tollkirsche und fiel für zwanzig Stunden in einen tiefen Schlaf. Als er erwachte, berichtete er von anhaltenden Träumen und Visionen, von denen auch jene erzählen, die an Hexensabbaten teilgenommen hatten. Die Landbevölkerung riet davon ab, sich mit den Blüten der Tollkirsche zu schmücken, da sie Unglück bringen. Andererseits glaubte sie, dass eine Tollkirsche an der Zufahrt zu einem Haus dieses von bösen Geistern freihalte.

Stechapfel hingegen ist berühmt für seine wunderschönen Blüten, die sich nur nachts öffnen und einen unangenehmen Geruch verströmen. Wegen seiner runden und stacheligen Früchte wird die Pflanze mancherorts als Hexengras bezeichnet. Seine Samen sind, anders als die anderen Bestandteile, von süßlichem, mehr oder weniger angenehmem Geschmack. Die Höflinge und Straßenräuber des alten Europas verabreichten ihn ihren Opfern in Getränken, um sie willenlos zu machen und ihre Geheimnisse zu erfahren.

Mit seinen violetten, helmförmigen Blüten ist Eisenhut ebenso faszinierend. Es wird auch Wolfswurz oder Sturmhut genannt und gehört zu den Hahnenfußgewächsen. Mit seinem Gift wurden die Klingen der Schwerter eingerieben, um sie zu noch tödlicheren Waffen zu machen. Der Legende nach wuchs Eisenhut aus dem Schleim des Kerberos, des gewaltigen dreiköpfigen Hundes, den Herakles als eine seiner Aufgaben aus der Unterwelt auf die Oberwelt holte. Die Verbindung zu Wölfen rührt daher, dass das Gift der Pflanze in die Köder gemischt wurde, mit denen verhindert werden sollte, dass Wölfe Siedlungen zu nahe zu kommen. Außerdem heißt es, dass Eisenhutpulver Werwölfe fernhält. Eisenhut steht unter Naturschutz und sollte deshalb und weil er giftig ist, nicht gesammelt werden. Eine Vergiftung kann bereits durch einen einfachen Hautkontakt mit der Blüte erfolgen. Den Kelten war Eisenhut heilig, insbesondere im Zusammenhang mit dem Gott Belenus: Es hieß, nur eine Jungfrau dürfe ihn pflücken, vorausgesetzt, sie gehe dann rückwärts nach Hause.

Die Gesetze des alten Britanniens betrachteten es als schwerwiegender, eine Eibe zu kränken als einen Menschen, da sich die Eibe nicht selbst verteidigen kann. In Irland hielt man die Eibe für den ältesten im irdischen Paradies geschaffenen Baum und glaubte, der Druide Mog Ruith habe sein Rad der Apokalypse daraus geschnitzt.

Dies sind nur einige der Geschichten, die sich auf Giftpflanzen beziehen. Es ist wichtig, sich daran zu erinnern, dass diese Pflanzen gründliches Wissen und sorgfältige, verantwortungsbewusste Handhabung erfordern.

> **Giftpflanzen werden uns auch weiterhin verzaubern und faszinieren, denn sie sind ein lebendiger Beweis für unsere Verbindung mit dem Pflanzenreich und seiner Fähigkeit, Leben, Heilung und Tod zu gewähren.**

CECILIA LATTARI

Cecilia Lattari ist Schauspielerin und hat in Bologna an der Scuola di Teatro studiert. Sie ist außerdem ausgebildete Heilkräuterexpertin. Als sozialpädagogische Beraterin unterstützt sie im Bach-Zentrum im britischen Mount Vernon Menschen in ihrer Selbstfindung, indem sie Erfahrungen in der Welt der Pflanzen machen.

FABIANA BELMONTE

Fabiana Belmonte ist Künstlerin und Illustratorin, die zahlreiche Buchcover entworfen und Buchumschläge gestaltet hat. Für ihre Arbeit wurde sie bereits mit nationalen und internationalen Preisen ausgezeichnet. Ihre Kunst hat eine surreale Atmosphäre und ist ihre Hommage an die Natur, die Träume und die Weiblichkeit.

- NOTIZEN -

– NOTIZEN –